GEVULD: HET SANDWICH KOEKJESBOEK

100 heerlijke lagen zoetheid

Boris Smits

Auteursrechtelijk materiaal ©2024

Alle rechten voorbehouden

Geen enkel deel van dit boek mag in welke vorm of op welke manier dan ook worden gebruikt of overgedragen zonder de juiste schriftelijke toestemming van de uitgever en eigenaar van het auteursrecht, met uitzondering van korte citaten die in een recensie worden gebruikt . Dit boek mag niet worden beschouwd als vervanging voor medisch, juridisch of ander professioneel advies.

INHOUDSOPGAVE

INHOUDSOPGAVE 3
INVOERING 6
CHOCOLADE PAIRINGEN 7
   1. Chocoladekoekje & Vanille Sandwich 8
   2. Choc-Chip-ijssandwiches 10
   3. Chocoladekoekje met Muntsandwiches 12
   4. Chocolade-soja-ijs 14
   5. Dubbele chocoladesandwiches 16
   6. Broodje chocolade-kokosijs 18
   7. Toffee Swirl Sandwich 20
   8. Driedubbele Chocolade Brownie Sandwich 22
   9. Muntchocolade Koekjessandwich 24
   10. Pindakaas Chocolade Swirl Sandwich 26
   11. Hazelnoot Chocolade Wafel Sandwich 28
   12. Mexicaanse Chocolade Chili Sandwich 30
   13. Sandwich met gezouten karamelchocoladekrakeling 32
   14. Macaron-sandwich met frambozen-donkere chocolade 34
   15. Kokos Chocolade Amandel Joy Sandwich 36
   16. Oreo-chocoladekoekjes en roomsandwich 38
   17. Hershey's ijssandwich 40
   18. Toblerone-ijssandwich 42
   19. Cadbury-ijssandwich 44
   20. Godiva-ijssandwich 46
   21. Ferrero Rocher-ijssandwich 48
   22. Ghirardelli-ijssandwich 50
MOEREN PAARINGEN 52
   23. Amandelbroodjes 53
   24. Cashew- munt-ijs 55
   25. Gembernoot-ijs 57
   26. Pinda-chocoladechips- ijssandwiches 59
   27. Amandel Joy- ijssandwiches 61
   28. Sandwiches met pistache- en frambozenijs 63
   29. en karamelwervelijssandwiches 65
   30. Hazelnoot- en espresso- ijssandwiches 67
   31. Sandwich met pistache-chocolade-ijs 69
   32. Sandwich met Hazelnootpraliné-ijs 71
   33. Walnoot Esdoorn Ijs Sandwich 73
   34. Cashew-karamelcrunch-ijssandwich 75
   35. Macadamianoot witte chocolade-ijssandwich 77
   36. Sandwich met pindakaas-amandelijs 79
   37. Pecan-praliné-ijssandwich 81
   38. Paranoot Chocolade Chunk Ijs Sandwich 83
   39. Gemengde Noten Karamel Ijs Sandwich 85
FRUITKOPPELINGEN 87

40. Bananen voor chocolade-ijssandwiches 88
41. Rabarber Midwest-sandwiches 90
42. Taart Cherry Swirl Kokosijs 92
43. Aardbei Italiano Sandwiches 95
44. Aardbeien-shortcake- ijssandwiches 97
45. Bananensplit- ijssandwiches 99
46. Bosbessen-citroen- ijssandwiches 101
47. Mango-kokos- ijssandwiches 103
48. Frambozenwitte chocolade- ijssandwiches 105
49. Frambozen Cheesecake Ijs Sandwich 107
50. Ananas Kokosijs Sandwich 109
51. Perzik Melba-ijssandwich 111
52. Watermeloen Munt Ijs Sandwich 113
53. Kiwi Limoen Ijs Sandwich 115
54. Blackberry Lavendel Ijs Sandwich 117
55. Gemengde Berry Yoghurt Ijs Sandwich 119

KRUIDIGE PAIRINGEN 121
56. Gekruid notenijs 122
57. Courgette Kruidensandwiches 125
58. Mexicaanse chocolade- ijssandwiches 127
59. Pittige mango-habanero- ijssandwiches 129
60. Chipotle-chocolade-ijs Boterhammen 131
61. - limoenijssandwiches 133
62. Pittige karamelijssandwiches 135
63. Chocolade Chipotle Ijs Sandwich 137
64. Pittige Kaneel Cayenne Ijs Sandwich 139
65. Pittige Chocolade Chili Ijs Sandwich 141
66. Pindakaas Sriracha-ijssandwich 143
67. Pittige Kokos Curry Ijs Sandwich 145
68. Pittige gember-kurkuma-ijssandwich 147
69. Pittige ananas-jalapeno-ijssandwich 149
70. Pittige frambozenchips-ijssandwich 151
71. Pittige Kersen Chocolade Ijs Sandwich 153

OP THEE GEBASEERDE PAARINGEN 155
72. Broodje Chai Nut-ijs 156
73. Earl Grey lavendel- ijssandwiches 159
74. Matcha groene thee- ijssandwiches 161
75. Chai Spice- ijssandwiches 163
76. Citroen-gember- ijssandwiches 165
77. Jasmijn groene thee- ijssandwiches 167

OP KOFFIE GEBASEERDE PAIRINGS 169
78. Koffie Zing-sandwiches 170
79. - amandelijssandwiches 172
80. Caramel Macchiato -ijssandwiches 174
81. Hazelnoot Affogato- ijssandwiches 176
82. Espresso Brownie en Koffie-ijs Sandwich 178

83. Koffiecake en mokka-amandel-fudge-ijssandwich 180

OP CAKE GEBASEERDE PAARINGEN **182**
84. Broodje cakebeslag soja-ijs 183
85. Red Velvet Cheesecake- ijssandwiches...185
86. Chocolade Pindakaas Cup Ijs Sandwiches 187
87. Citroen-frambozen-pondcake- ijssandwiches......................................189
88. Worteltaart Roomkaas Ijs Sandwiches 191
89. Bananensplit- ijssandwiches..193
90. Chocoladetaart en koekjes en roomijssandwich 195
91. Vanillebiscuit en aardbeien-cheesecake-ijssandwich 197
92. Worteltaart en kaneelijsje..199

OP BROWNIE GEBASEERDE PAARINGEN **201**
93. Gezouten karamel brownie-ijssandwiches 202
94. Koekjes en room brownie-ijssandwiches 204
95. Raspberry Fudge Brownie-ijssandwiches 206
96. Munt Brownie en Chip-ijssandwich 208
97. Pindakaas Swirl Brownie-ijssandwich 210
98. Raspberry Fudge Brownie en Swirl-ijssandwich 212
99. S'mores Brownie en Marshmallow-ijssandwich 214
100. Red Velvet Brownie en roomkaas-ijssandwich 216

CONCLUSIE **218**

INVOERING

Welkom bij 'Gevuld: het sandwichkoekjesboek - 100 heerlijke lagen zoetheid.' Sandwichkoekjes, met hun onweerstaanbare combinatie van twee lagen koekjes met een romige vulling, zijn een geliefde traktatie voor mensen van alle leeftijden. In dit kookboek nodigen we je uit om de wereld van gevulde sandwichkoekjes te verkennen met een verzameling van 100 verrukkelijke recepten die je zoetekauw zullen bevredigen en je smaakpapillen zullen verrassen.

Sandwichkoekjes zijn meer dan alleen een dessert; ze zijn een canvas voor creativiteit en verwennerij. In dit kookboek laten we de eindeloze mogelijkheden zien van gevulde sandwichkoekjes, van klassieke combinaties zoals chocolade en vanille tot innovatieve smaken zoals pindakaas en gelei, s'mores en meer. Of je nu aan het bakken bent voor een speciale gelegenheid, een feestviering of gewoon zin hebt in een zoete lekkernij, op deze pagina's vind je volop inspiratie.

Elk recept in dit kookboek is met zorg en oog voor detail samengesteld, zodat u elke keer dat u bakt, verzekerd bent van perfecte resultaten. Van malse koekjeslaagjes tot romige vullingen, elke hap is een symfonie van smaken en texturen die je doen verlangen naar meer. Met duidelijke instructies, handige tips en verbluffende fotografie maakt "GEVULD: HET SANDWICH KOEKJESBOEK" het gemakkelijk om mooie en heerlijke lekkernijen in je eigen keuken te creëren.

Verwarm dus je oven voor, stof je bakplaten af en bereid je voor op 100 lagen zoetheid met "GEVULD: HET SANDWICH KOEKJESBOEK" als je gids. Of je nu voor jezelf, je gezin of een speciale gelegenheid bakt, deze recepten zullen zeker indruk maken en verrukken bij elke hap.

CHOCOLADE PAIRINGEN

1. Chocoladekoekje & Vanille Sandwich

INGREDIËNTEN:
- ⅓ kopje zuivelvrije margarine, op kamertemperatuur
- ⅔ kopje verdampte rietsuiker
- 2 eetlepels niet-zuivelmelk
- ¼ theelepel milde azijn
- 1 theelepel vanille-extract
- ¾ kopje ongebleekte bloem voor alle doeleinden
- ⅓ kopje ongezoete bakcacao, gezeefd
- ½ theelepel bakpoeder
- ⅛ theelepel zout

INSTRUCTIES:
a) Verwarm de oven voor op 375 ° F. Bekleed een bakplaat met bakpapier.
b) Meng de margarine en de suiker in een middelgrote kom. Roer de melk, azijn en vanille erdoor.
c) Meng de bloem, cacao, bakpoeder en zout in een kleine kom. Voeg de droge ingrediënten toe aan de natte en meng grondig.
d) Keer uit op de voorbereide bakplaat. Leg een vel vetvrij papier over het deeg en rol het uit tot een vierkant van ongeveer ¼ inch dik.
e) Verwijder het vetvrij papier en bak gedurende 10 tot 12 minuten, totdat de randen stevig zijn en het enigszins gezwollen is. Het lijkt zacht en niet volledig gebakken, maar dat is het wel.
f) Haal uit de oven en laat ongeveer 15 minuten afkoelen op de bakplaat op een rooster. Snijd de koekjes voorzichtig in de gewenste vorm. Je kunt een glas- of koekjesvormer gebruiken om ze rond te maken of het deeg te maximaliseren door ze in vierkanten van gelijke grootte te snijden.
g) Haal de koekjes van de plaat en laat ze verder afkoelen op het rooster.

2.Choc-Chip-ijssandwiches

INGREDIËNTEN:
- 2 kopjes ongebleekte bloem voor alle doeleinden
- 1 theelepel zuiveringszout
- ¼ theelepel zout
- ½ kopje verdampte rietsuiker
- ½ kopje verpakte bruine suiker
- 1 kopje zuivelvrije margarine, verzacht
- 1 theelepel maizena
- 2 eetlepels niet-zuivelmelk
- 1 theelepel vanille-extract
- ¾ kopje halfzoete chocoladestukjes

INSTRUCTIES:

a) Verwarm de oven voor op 350 ° F. Bekleed twee bakplaten met bakpapier.

b) Zeef de bloem, baksoda en zout in een grote kom. Meng in een tweede grote kom de rietsuiker, bruine suiker en margarine.

c) Los de maïzena op in de melk en voeg samen met de vanille toe aan het suikermengsel. Voeg de droge ingrediënten in batches toe aan de natte ingrediënten en meng tot alles gemengd is. Roer vervolgens de chocoladestukjes erdoor.

d) Gebruik een koekjesdruppelaar of een eetlepel om grote bolletjes deeg op de voorbereide bakplaten te laten vallen , ongeveer 5 cm uit elkaar.

e) Bak gedurende 8 tot 10 minuten, of tot de randen licht goudbruin zijn.

f) Haal het uit de oven en laat het 5 minuten afkoelen op de pan, en breng het dan over naar een rooster.

g) Laat de koekjes volledig afkoelen. Bewaren in een luchtdichte verpakking

3.Chocoladekoekje met Muntsandwiches

INGREDIËNTEN:
- ⅔ kopje zuivelvrije margarine, verzacht
- 1 kopje verdampte rietsuiker
- 1 theelepel vanille-extract
- 1¼ kopjes ongebleekte bloem voor alle doeleinden
- ½ kopje ongezoete bakcacao, gezeefd
- ½ theelepel bakpoeder
- ⅛ theelepel zout

INSTRUCTIES:
a) Verwarm de oven voor op 375 ° F. Bekleed twee bakplaten met bakpapier.

b) Meng de margarine, suiker en vanille in een grote kom. Meng de bloem, cacao, bakpoeder en zout in een kleine kom.

c) Voeg de droge ingrediënten toe aan de natte en meng grondig.

d) Laat grote eetlepels deeg op de voorbereide bakplaten vallen, ongeveer 5 cm uit elkaar.

e) Bak gedurende 10 tot 12 minuten, of totdat de koekjes uitgespreid zijn en de randen stevig zijn.

f) Haal het uit de oven en laat het 5 minuten afkoelen op de pan, en breng het dan over naar een rooster.

g) Laat de koekjes volledig afkoelen. Bewaren in een luchtdichte verpakking

4. Chocolade-soja-ijs

INGREDIËNTEN:
- ¾ kopje verdampte rietsuiker
- ⅓ kopje ongezoete bakcacao, gezeefd
- 1 eetlepel tapiocazetmeel
- 2½ kopjes soja- of hennepmelk (volvet)
- 2 theelepels kokosolie
- 2 theelepels vanille-extract

INSTRUCTIES:
a) Meng in een grote pan de suiker, cacao en tapiocazetmeel en klop tot de cacao en het zetmeel zijn opgenomen in de suiker. Giet de melk erbij en klop om op te nemen.
b) Breng het mengsel op middelhoog vuur aan de kook en klop regelmatig.
c) Zodra het kookt, zet je het vuur middelmatig laag en klop je constant tot het mengsel dikker wordt en de achterkant van een lepel bedekt, ongeveer 5 minuten.
d) Haal van het vuur, voeg de kokosolie en vanille toe en klop om te combineren.
e) Doe het mengsel over in een hittebestendige kom en laat het volledig afkoelen.
f) Giet het mengsel in de kom van een ijsmachine van 1½ of 2 liter en verwerk het volgens de instructies van de fabrikant.
g) Bewaar de sandwiches minimaal 2 uur in een luchtdichte verpakking in de vriezer voordat u ze gaat samenstellen.

OM DE BROODJES TE MAKEN
h) Laat het ijs iets zachter worden, zodat het makkelijk te scheppen is. Plaats de helft van de koekjes met de onderkant naar boven op een schoon oppervlak. Schep een royale bolletje ijs, ongeveer ⅓ kopje, op de bovenkant van elk koekje. Beleg het ijs met de resterende koekjes, waarbij de koekjesbodem het ijs raakt.
i) Druk voorzichtig op de koekjes om ze waterpas te zetten.
j) Wikkel elke sandwich in plasticfolie of vetvrij papier en plaats hem minstens 30 minuten in de vriezer voordat je hem serveert.

5.Dubbele chocoladesandwiches

INGREDIËNTEN:

- 1 kopje ongebleekte bloem voor alle doeleinden
- ½ kopje ongezoete bakcacao, gezeefd
- ½ theelepel zuiveringszout
- ¼ theelepel zout
- ¼ kopje zuivelvrije chocoladestukjes, gesmolten
- ½ kopje zuivelvrije margarine, verzacht
- 1 kopje verdampte rietsuiker
- 1 theelepel vanille-extract

INSTRUCTIES:

a) Verwarm de oven voor op 325 ° F. Bekleed twee bakplaten met bakpapier.

b) Meng in een middelgrote kom de bloem, het cacaopoeder, het bakpoeder en het zout.

c) In een grote kom, met een elektrische handmixer, de gesmolten chocoladestukjes, margarine, suiker en vanille samen kloppen tot ze goed gemengd zijn.

d) Voeg de droge ingrediënten in batches toe aan de natte totdat ze volledig zijn opgenomen.

e) Schep kleine balletjes deeg, ongeveer zo groot als een grote knikker (ongeveer 2 theelepels), op de voorbereide bakplaten, ongeveer 5 cm uit elkaar.

f) Vet de achterkant van een eetlepel licht in en druk voorzichtig en gelijkmatig op elk koekje totdat het plat is en ongeveer 3,5 cm breed is. Bak gedurende 12 minuten, of tot de randen stevig zijn. Als u beide vellen tegelijkertijd bakt, draai de vellen dan halverwege.

g) Nadat u de koekjes uit de oven heeft gehaald, laat u de koekjes 5 minuten afkoelen op de bakplaat en legt u ze vervolgens op een rooster. Laat de koekjes volledig afkoelen. Bewaren in een luchtdichte verpakking

6.Broodje chocolade-kokosijs

INGREDIËNTEN:
- ¾ kopje verdampte rietsuiker
- ⅓ kopje ongezoete bakcacao, gezeefd
- 1 (13,5 ounce) blikje volle kokosmelk (niet licht)
- 1 kopje niet-zuivelmelk
- 1 theelepel vanille-extract

INSTRUCTIES:
a) Meng de suiker en cacao in een grote pan en klop tot de cacao is opgenomen in de suiker. Giet de kokosmelk en de andere niet-zuivelmelk erbij en klop om op te nemen. Breng het mengsel op middelhoog vuur aan de kook en klop regelmatig.

b) Zodra het kookt, zet je het vuur middelhoog en klop je constant tot de suiker is opgelost , ongeveer 5 minuten. Haal van het vuur en voeg de vanille toe, kloppend om te combineren.

c) Doe het mengsel over in een hittebestendige kom en laat het volledig afkoelen.

d) Giet het mengsel in de kom van een ijsmachine van 1½ of 2 liter en verwerk het volgens de instructies van de fabrikant. Bewaar de sandwiches minimaal 2 uur in een luchtdichte verpakking in de vriezer voordat u ze gaat samenstellen.

OM DE BROODJES TE MAKEN
e) Laat het ijs iets zachter worden, zodat het makkelijk te scheppen is. Plaats de helft van de koekjes met de onderkant naar boven op een schoon oppervlak. Schep een royale bolletje ijs, ongeveer ⅓ kopje, op de bovenkant van elk koekje. Beleg het ijs met de resterende koekjes, waarbij de koekjesbodem het ijs raakt.

f) Druk voorzichtig op de koekjes om ze waterpas te zetten. Wikkel elke sandwich in plasticfolie of vetvrij papier en plaats hem minstens 30 minuten in de vriezer voordat je hem serveert.

7. Toffee Swirl Sandwich

INGREDIËNTEN:
- ¼ kopje halfzoete chocoladestukjes
- 1 eetlepel niet-zuivelmelk
- 2 eetlepels zuivelvrije margarine

INSTRUCTIES:
a) Verwarm de chocoladestukjes en de melk in een magnetronbestendige kom in stappen van 15 seconden, terwijl je tussendoor roert.
b) Zodra de chocolade is gesmolten , klop je hem goed door de melk.
c) Voeg de margarine toe en meng goed.
d) Laat afkoelen tot kamertemperatuur.

8.Driedubbele Chocolade Brownie Sandwich

INGREDIËNTEN:
1 kopje ongezouten boter
2 kopjes kristalsuiker
4 grote eieren
1 theelepel vanille-extract
1 kopje bloem voor alle doeleinden
1/2 kop ongezoet cacaopoeder
1/4 theelepel zout
2 kopjes chocolade-ijs
1/2 kopje chocoladestukjes

INSTRUCTIES:
Verwarm de oven voor op 175 °C (350 °F) en vet een bakvorm van 9 x 13 inch in.
Smelt de boter in een magnetronbestendige kom. Voeg de suiker, eieren en vanille-extract toe en klop tot alles goed gemengd is.
Meng in een aparte kom de bloem, het cacaopoeder en het zout. Voeg geleidelijk de droge ingrediënten toe aan de natte ingrediënten en meng tot ze net gemengd zijn.
Roer de chocoladestukjes erdoor. Giet het beslag in de voorbereide bakvorm en verdeel het gelijkmatig.
Bak gedurende 25-30 minuten of tot een tandenstoker die in het midden wordt gestoken eruit komt met een paar vochtige kruimels.
Laat de brownies volledig afkoelen. Snijd in vierkanten.
Neem een bolletje chocolade-ijs en plaats dit op de onderkant van een brownievierkant. Leg er nog een brownievierkant op en druk zachtjes tegen elkaar.
Herhaal met de resterende brownievierkantjes en ijs. Zet het minimaal 1 uur in de vriezer voordat u het serveert.

9.Muntchocolade Koekjessandwich

INGREDIËNTEN:

1 3/4 kopjes bloem voor alle doeleinden
1/2 kop ongezoet cacaopoeder
1/2 theelepel zuiveringszout
1/4 theelepel zout
1/2 kopje ongezouten boter, verzacht
1 kopje kristalsuiker
1 groot ei
1 theelepel vanille-extract
1/2 theelepel pepermuntextract
Groene voedselkleurstof (optioneel)
2 kopjes muntchocolade-ijs

INSTRUCTIES:

Verwarm de oven voor op 175°C (350°F) en bekleed een bakplaat met bakpapier.

Meng in een middelgrote kom de bloem, het cacaopoeder, het bakpoeder en het zout.

Klop in een grote kom de boter en de kristalsuiker tot een licht en luchtig geheel. Voeg het ei, het vanille-extract, het pepermuntextract en de groene kleurstof (indien gebruikt) toe en meng tot alles goed gemengd is. Voeg geleidelijk de droge ingrediënten toe aan de natte ingrediënten en meng tot ze net gemengd zijn.

Leg ronde eetlepels deeg op de voorbereide bakplaat en druk het iets plat met de achterkant van een lepel.

Bak gedurende 10-12 minuten of tot de randen stevig zijn. Laat de koekjes volledig afkoelen.

Eenmaal afgekoeld, schep je een kleine hoeveelheid muntchocolade-ijs op de onderkant van een koekje. Leg er nog een koekje op en druk het voorzichtig samen.

Herhaal met de resterende koekjes en ijs. Zet het minimaal 1 uur in de vriezer voordat u het serveert.

10.Pindakaas Chocolade Swirl Sandwich

INGREDIËNTEN:
1/2 kopje ongezouten boter, verzacht
1/2 kopje romige pindakaas
1/2 kop kristalsuiker
1/2 kop verpakte bruine suiker
1 groot ei
1 theelepel vanille-extract
1 1/4 kopjes bloem voor alle doeleinden
1/2 kop ongezoet cacaopoeder
1/2 theelepel zuiveringszout
1/4 theelepel zout
2 kopjes chocolade swirl-ijs

INSTRUCTIES:
Verwarm de oven voor op 175°C (350°F) en bekleed een bakplaat met bakpapier.
Meng in een grote kom de boter, pindakaas, kristalsuiker en bruine suiker tot het licht en luchtig is. Voeg het ei en het vanille-extract toe en meng tot alles goed gemengd is.
Meng in een aparte kom de bloem, cacaopoeder, zuiveringszout en zout. Voeg geleidelijk de droge ingrediënten toe aan de natte ingrediënten en meng tot ze net gemengd zijn.
Leg ronde eetlepels deeg op de voorbereide bakplaat en druk het iets plat met de achterkant van een lepel.
Bak gedurende 10-12 minuten of tot de randen stevig zijn. Laat de koekjes volledig afkoelen.
Eenmaal afgekoeld, schep je een kleine hoeveelheid chocoladewervelijs op de onderkant van een koekje. Leg er nog een koekje op en druk het voorzichtig samen.
Herhaal met de resterende koekjes en ijs. Zet het minimaal 1 uur in de vriezer voordat u het serveert.

11.Hazelnoot Chocolade Wafel Sandwich

INGREDIËNTEN:
2 kopjes All-purpose Flour
1/2 kop ongezoet cacaopoeder
1/4 kop kristalsuiker
2 theelepels bakpoeder
1/2 theelepel zout
2 kopjes melk
2 grote eieren
1/4 kop ongezouten boter, gesmolten
1 theelepel vanille-extract
2 kopjes hazelnoot-chocolade-ijs

INSTRUCTIES:
Verwarm een wafelijzer voor volgens de instructies van de fabrikant.
Meng in een grote kom de bloem, cacaopoeder, kristalsuiker, bakpoeder en zout.
Klop in een aparte kom de melk, eieren, gesmolten boter en vanille-extract samen.
Voeg geleidelijk de natte ingrediënten toe aan de droge ingrediënten en klop tot ze net gemengd zijn.
Giet het beslag op het voorverwarmde wafelijzer en bak volgens de instructies van de fabrikant, tot het knapperig en gaar is.
Laat de wafels iets afkoelen en snijd ze vervolgens in vierkanten of rechthoeken.
Neem een bolletje hazelnoot-chocolade-ijs en plaats dit op de onderkant van een wafelstuk. Leg er nog een stukje wafel op en druk zachtjes tegen elkaar.
Herhaal met de resterende wafelstukjes en ijs. Zet het minimaal 1 uur in de vriezer voordat u het serveert.

12. Mexicaanse Chocolade Chili Sandwich

INGREDIËNTEN:
1 3/4 kopjes bloem voor alle doeleinden
1/2 kop ongezoet cacaopoeder
1 theelepel gemalen kaneel
1/2 theelepel gemalen chilipoeder
1/2 theelepel zuiveringszout
1/4 theelepel zout
1/2 kop ongezouten boter, verzacht
1 kopje kristalsuiker
1 groot ei
1 theelepel vanille-extract
2 kopjes Mexicaans chocolade-ijs

INSTRUCTIES:
Verwarm de oven voor op 175°C (350°F) en bekleed een bakplaat met bakpapier.
Meng in een middelgrote kom de bloem, cacaopoeder, gemalen kaneel, gemalen chilipoeder, bakpoeder en zout.
Klop in een grote kom de boter en de kristalsuiker tot een licht en luchtig geheel. Voeg het ei en het vanille-extract toe en meng tot alles goed gemengd is.
Voeg geleidelijk de droge ingrediënten toe aan de natte ingrediënten en meng tot ze net gemengd zijn.
Leg ronde eetlepels deeg op de voorbereide bakplaat en druk het iets plat met de achterkant van een lepel.
Bak gedurende 10-12 minuten of tot de randen stevig zijn. Laat de koekjes volledig afkoelen.
Eenmaal afgekoeld, schep je een kleine hoeveelheid Mexicaans chocolade-ijs op de onderkant van een koekje. Leg er nog een koekje op en druk het voorzichtig samen.
Herhaal met de resterende koekjes en ijs. Zet het minimaal 1 uur in de vriezer voordat u het serveert.

13. Sandwich met gezouten karamelchocoladekrakeling

INGREDIËNTEN:

1 1/2 kopjes bloem voor alle doeleinden
1/2 kop ongezoet cacaopoeder
1/2 theelepel zuiveringszout
1/4 theelepel zout
1/2 kopje ongezouten boter, verzacht
1/2 kop kristalsuiker
1/2 kop verpakte bruine suiker
1 groot ei
1 theelepel vanille-extract
1/2 kop gehakte pretzels
1/2 kopje gezouten karamelijs
Pretzels, voor garnering (optioneel)

INSTRUCTIES:

Verwarm de oven voor op 175°C (350°F) en bekleed een bakplaat met bakpapier.

Meng in een middelgrote kom de bloem, het cacaopoeder, het bakpoeder en het zout.

Meng de boter, kristalsuiker en bruine suiker in een grote kom tot een licht en luchtig mengsel. Voeg het ei en het vanille-extract toe en meng tot alles goed gemengd is.

Voeg geleidelijk de droge ingrediënten toe aan de natte ingrediënten en meng tot ze net gemengd zijn.

Roer de gehakte pretzels erdoor. Leg ronde eetlepels deeg op de voorbereide bakplaat en druk het iets plat met de achterkant van een lepel.

Bak gedurende 10-12 minuten of tot de randen stevig zijn. Laat de koekjes volledig afkoelen.

Eenmaal afgekoeld, schep je een kleine hoeveelheid gezouten karamelijs op de onderkant van een koekje. Leg er nog een koekje op en druk het voorzichtig samen.

Optioneel: Rol de randen van de ijssandwich in gemalen pretzels ter garnering. Zet het minimaal 1 uur in de vriezer voordat u het serveert.

14. Macaron-sandwich met frambozen-donkere chocolade

INGREDIËNTEN:

1 1/4 kopjes poedersuiker
3/4 kopje amandelmeel
2 eetlepels ongezoet cacaopoeder
2 grote eiwitten
1/4 kop kristalsuiker
1/4 theelepel zout
1/2 kop frambozensorbet
1/2 kop pure chocolade, gesmolten

INSTRUCTIES:

Verwarm de oven voor op 150 °C (300 °F) en bekleed een bakplaat met bakpapier.
Zeef de poedersuiker, het amandelmeel en het cacaopoeder in een middelgrote kom.
Klop in een aparte kom de eiwitten op gemiddelde snelheid schuimig. Voeg geleidelijk de kristalsuiker en het zout toe en blijf kloppen tot er stijve pieken ontstaan.
Spatel de droge ingrediënten voorzichtig door het eiwitmengsel tot ze volledig gemengd zijn, maar zorg ervoor dat u niet te veel mengt.
Doe het beslag in een spuitzak met ronde spuitmond . Spuit kleine cirkels op de voorbereide bakplaat.
Tik een paar keer met de bakplaat op het aanrecht om eventuele luchtbellen los te laten. Laat de macarons 30 minuten op kamertemperatuur staan, zodat er een velletje ontstaat.
Bak gedurende 15-18 minuten of totdat de macarons stevig aanvoelen. Laat ze volledig afkoelen.
Eenmaal afgekoeld, smeert u een kleine hoeveelheid frambozensorbet op de platte kant van een macaronschaal. Leg er nog een macaronschelp op en druk zachtjes tegen elkaar.
Dompel de randen van de macaronsandwich in gesmolten pure chocolade. Zet het minimaal 1 uur in de vriezer voordat u het serveert.

15. Kokos Chocolade Amandel Joy Sandwich

INGREDIËNTEN:
1 1/2 kopjes gezoete geraspte kokosnoot
1/2 kopje gezoete gecondenseerde melk
1/2 theelepel vanille-extract
1/4 theelepel amandelextract
1/2 kopje gehakte amandelen
2 kopjes chocolade-kokosijs

INSTRUCTIES:
Meng in een middelgrote kom de geraspte kokosnoot, de gezoete gecondenseerde melk, het vanille-extract, het amandelextract en de gehakte amandelen. Meng tot alles goed gemengd is.
Bekleed een bakplaat met bakpapier. Neem ongeveer 2 eetlepels van het kokosmengsel en vorm dit tot een rechthoek op de voorbereide bakplaat. Herhaal dit om meer rechthoeken te maken.
Zet de bakplaat 1 uur in de vriezer, zodat het kokosmengsel opstijgt.
Zodra het kokosmengsel stevig is, neem je een bolletje chocolade-kokosijs en plaats je dit op een kokosrechthoek. Leg er nog een kokosrechthoek op en druk zachtjes tegen elkaar.
Herhaal met de resterende kokosrechthoeken en ijs. Zet het minimaal 1 uur in de vriezer voordat u het serveert.

16. Oreo-chocoladekoekjes en roomsandwich

INGREDIËNTEN:
2 kopjes All-purpose Flour
1/2 kop ongezoet cacaopoeder
1 theelepel bakpoeder
1/2 theelepel zout
1/2 kopje ongezouten boter, verzacht
1 kopje kristalsuiker
2 grote eieren
1 theelepel vanille-extract
2 kopjes koekjes en roomijs
Gemalen Oreo-koekjes, voor garnering

INSTRUCTIES:
Verwarm de oven voor op 175°C (350°F) en bekleed een bakplaat met bakpapier.
Meng in een middelgrote kom de bloem, het cacaopoeder, het bakpoeder en het zout.
Klop in een grote kom de boter en de kristalsuiker tot een licht en luchtig mengsel. Voeg de eieren en het vanille-extract toe en meng tot alles goed gemengd is.
Voeg geleidelijk de droge ingrediënten toe aan de natte ingrediënten en meng tot ze net gemengd zijn.
Leg ronde eetlepels deeg op de voorbereide bakplaat en druk het iets plat met de achterkant van een lepel.
Bak gedurende 10-12 minuten of tot de randen stevig zijn. Laat de koekjes volledig afkoelen.
Eenmaal afgekoeld, schep je een kleine hoeveelheid koekjes en roomijs op de onderkant van een koekje. Leg er nog een koekje op en druk het voorzichtig samen.
Rol de randen van de ijssandwich in gemalen Oreo-koekjes ter garnering. Zet het minimaal 1 uur in de vriezer voordat u het serveert.

17.Hershey's ijssandwich

INGREDIËNTEN:
1 pakje Hershey's chocoladerepen
12 chocoladewafelkoekjes
2 kopjes vanille-ijs

INSTRUCTIES:
Breek de chocoladerepen van Hershey's in afzonderlijke stukjes.
Plaats 6 chocoladewafelkoekjes ondersteboven op een bakplaat.
Leg op elk koekje een stukje Hershey's chocolade.
Neem een bolletje vanille-ijs en plaats dit op de chocolade.
Leg er nog een chocoladewafelkoekje bovenop om een sandwich te maken.
Herhaal met de resterende koekjes, chocolade en ijs.
Vries de ijssandwiches minimaal 2 uur in voordat u ze serveert.

18. Toblerone-ijssandwich

INGREDIËNTEN:
1 Toblerone- chocoladereep
12 chocoladekoekjes
2 kopjes chocolade-ijs

INSTRUCTIES:
Breek de Toblerone chocoladereep in kleine driehoekige stukjes.
Plaats 6 chocoladekoekjes ondersteboven op een bakplaat.
op elk koekje een stukje Toblerone- chocolade.
Neem een bolletje chocolade-ijs en plaats dit op de chocolade.
Leg er nog een chocoladekoekje bovenop om een sandwich te maken.
Herhaal met de resterende koekjes, chocolade en ijs.
Vries de ijssandwiches minimaal 2 uur in voordat u ze serveert.

19. Cadbury-ijssandwich

INGREDIËNTEN:
1 Cadbury Dairy Milk-chocoladereep
12 zandkoekkoekjes
2 kopjes karamelijs

INSTRUCTIES:
Breek de Cadbury Dairy Milk-chocoladereep in afzonderlijke stukjes.
Plaats 6 zandkoekkoekjes ondersteboven op een bakplaat.
Leg op elk koekje een stukje Cadbury-chocolade.
Neem een bolletje karamelijs en plaats dit op de chocolade.
Leg er nog een zandkoekkoekje bovenop om een sandwich te maken.
Herhaal met de resterende koekjes, chocolade en ijs.
Vries de ijssandwiches minimaal 2 uur in voordat u ze serveert.

20.Godiva-ijssandwich

INGREDIËNTEN:
1 doosje Godiva chocoladetruffels
12 chocoladecrackers uit Graham
2 kopjes koffie-ijs

INSTRUCTIES:
Verwijder de wikkels van de Godiva chocoladetruffels.
Plaats 6 chocoladecrackers ondersteboven op een bakplaat.
Leg op elke cracker een Godiva-truffel.
Neem een bolletje koffie-ijs en plaats dit op de truffel.
Leg er nog een chocoladegrahamcracker op om een sandwich te maken.
Herhaal met de resterende crackers, truffels en ijs.
Vries de ijssandwiches minimaal 2 uur in voordat u ze serveert.

21. Ferrero Rocher-ijssandwich

INGREDIËNTEN:
1 pakje Ferrero Rocher -chocolaatjes
12 chocoladekoekjes
2 kopjes hazelnootijs

INSTRUCTIES:
Verwijder de wikkels van de Ferrero Rocher -chocolaatjes.
Plaats 6 chocoladekoekjes ondersteboven op een bakplaat.
Plaats een Ferrero Rocher -chocolade bovenop elk koekje.
Neem een bolletje hazelnootijs en plaats dit op de chocolade.
Leg er nog een chocoladekoekje bovenop om een sandwich te maken.
Herhaal met de resterende koekjes, chocolaatjes en ijs.
Vries de ijssandwiches minimaal 2 uur in voordat u ze serveert.

22.Ghirardelli-ijssandwich

INGREDIËNTEN:
1 Ghirardelli-chocoladereep
12 zandkoekkoekjes met chocoladedip
2 kopjes muntchocolade-ijs

INSTRUCTIES:
Breek de chocoladereep Ghirardelli in afzonderlijke vierkanten.
Plaats 6 in chocolade gedoopte zandkoekkoekjes ondersteboven op een bakplaat.
Plaats een vierkantje Ghirardelli-chocolade op elk koekje.
Neem een bolletje muntchocolade-ijs en plaats dit op de chocolade.
Leg er nog een zandkoekkoekje met chocoladedop op om een sandwich te maken.
Herhaal met de resterende koekjes, chocolade en ijs.
Vries de ijssandwiches minimaal 2 uur in voordat u ze serveert.

MOEREN PAARINGEN

23. Amandelbroodjes

INGREDIËNTEN:

- 1 kopje zuivelvrije margarine, verzacht
- ¾ kopje verdampte rietsuiker, verdeeld
- ½ theelepel amandelextract
- 1 theelepel vanille-extract
- 2 kopjes ongebleekte bloem voor alle doeleinden
- ⅓ kopje gemalen amandelen

INSTRUCTIES:

a) Meng in een grote kom de margarine, een half kopje suiker en de amandel- en vanille-extracten tot alles goed gemengd is. Meng de bloem en de gemalen amandelen in een kleine kom.

b) Voeg het bloemmengsel in gedeelten aan het margarinemengsel toe en meng tot het deeg zacht en glad is.

c) Verdeel het deeg in tweeën en vorm elke helft in een rechthoekig blok, ongeveer 5 centimeter lang, 7 centimeter breed en 5 centimeter hoog. Strooi de resterende ¼ kopje suiker op een schoon oppervlak en rol elk blok erin om de buitenkant te bedekken.

d) Verpak elke boomstam in plasticfolie en zet deze minimaal 2 uur in de koelkast.

e) Verwarm de oven voor op 375 ° F. Bekleed twee bakplaten met bakpapier.

f) Haal de houtblokken uit de koelkast en rol elk houtblok door de resterende suiker, zodat het bedekt is. Snijd de houtblokken met een scherp mes in plakjes van ¼ inch dik, waarbij u tijdens het snijden op de zijkanten van het hout drukt om de vorm te behouden.

g) Plaats de gesneden koekjes op de voorbereide bakplaten met een tussenruimte van 2,5 cm.

h) Bak gedurende 8 tot 10 minuten, of tot de randen lichtbruin zijn. Als u beide vellen tegelijkertijd bakt, draai ze dan halverwege.

i) Haal de koekjes uit de oven, laat ze 5 minuten afkoelen op de bakplaat en leg ze vervolgens op een rooster. Laat de koekjes volledig afkoelen.

j) Bewaren in een luchtdichte verpakking.

24. Cashew- munt-ijs

INGREDIËNTEN:
- 2 kopjes soja- of hennepmelk (volvet)
- ¾ kopje verdampte rietsuiker
- 1½ theelepel pepermuntextract
- 1 theelepel vanille-extract
- 1½ kopje rauwe cashewnoten
- 3 tot 4 druppels groene kleurstof (optioneel)
- 1/16 theelepel guargom
- ⅓ kopje halfzoete chocoladeschaafsel (gebruik een dunschiller op een chocoladereep)

INSTRUCTIES:
a) Meng de melk en de suiker in een grote pan. Breng het mengsel op middelhoog vuur aan de kook en klop regelmatig.
b) Zodra het kookt, zet je het vuur middelhoog en klop je constant tot de suiker is opgelost, ongeveer 5 minuten.
c) Haal van het vuur en voeg de pepermunt- en vanille-extracten toe en klop om te combineren.
d) Leg de cashewnoten op de bodem van een hittebestendige kom en giet het hete melkmengsel erover. Laat het volledig afkoelen. Eenmaal afgekoeld, breng het mengsel over naar een keukenmachine of hogesnelheidsblender en verwerk het tot een gladde massa, stop indien nodig met het afschrapen van de zijkanten.
e) Voeg eventueel de kleurstof toe. Tegen het einde van de verwerking strooi je de guargom erover en zorg je ervoor dat deze goed is opgenomen.
f) Giet het mengsel in de kom van een ijsmachine van 1½ of 2 liter en verwerk het volgens de instructies van de fabrikant. Zodra het ijs klaar is, meng je voorzichtig het chocoladeschaafsel erdoor.
g) Bewaar de sandwiches minimaal 2 uur in een luchtdichte verpakking in de vriezer voordat u ze gaat samenstellen.

OM DE BROODJES TE MAKEN
h) Laat het ijs iets zachter worden, zodat het makkelijk te scheppen is. Plaats de helft van de koekjes met de onderkant naar boven op een schoon oppervlak. Schep een royale bolletje ijs, ongeveer ⅓ kopje, op de bovenkant van elk koekje.
i) Beleg het ijs met de resterende koekjes, waarbij de koekjesbodem het ijs raakt. Druk voorzichtig op de koekjes om ze waterpas te zetten.
j) Verpak elke sandwich in plasticfolie of vetvrij papier en plaats hem minstens 30 minuten in de vriezer voordat je hem gaat eten.

25.Gembernoot-ijs

INGREDIËNTEN:
- 2 kopjes niet-zuivelmelk (meer vet, zoals soja of hennep)
- ¾ kopje verdampte rietsuiker
- 1 theelepel gemalen gember
- 1 theelepel vanille-extract
- 1½ kopje rauwe cashewnoten
- 1/16 theelepel guargom
- ⅓ kopje fijngehakte gekonfijte gember

INSTRUCTIES:
a) Klop in een grote pan de melk en de suiker door elkaar. Breng het mengsel op middelhoog vuur aan de kook en klop regelmatig.

b) Zodra het kookt, zet je het vuur middelhoog en klop je constant tot de suiker is opgelost , ongeveer 5 minuten. Haal van het vuur, voeg de gember en vanille toe en klop om te combineren.

c) Leg de cashewnoten op de bodem van een hittebestendige kom en giet het hete melkmengsel erover. Laat het volledig afkoelen. Eenmaal afgekoeld, breng het mengsel over naar een keukenmachine of hogesnelheidsblender en verwerk het tot een gladde massa, stop indien nodig met het afschrapen van de zijkanten.

d) Tegen het einde van de verwerking strooi je de guargom erover en zorg je ervoor dat deze goed is opgenomen.

e) Giet het mengsel in de kom van een ijsmachine van 1½ of 2 liter en verwerk het volgens de instructies van de fabrikant.

f) Zodra het ijs klaar is, meng je voorzichtig de gekonfijte gember erdoor. Bewaar de sandwiches minimaal 2 uur in een luchtdichte verpakking in de vriezer voordat u ze gaat samenstellen.

OM DE BROODJES TE MAKEN
g) Laat het ijs iets zachter worden, zodat het makkelijk te scheppen is. Plaats de helft van de koekjes met de onderkant naar boven op een schoon oppervlak. Schep een royale bolletje ijs, ongeveer ⅓ kopje, op de bovenkant van elk koekje.

h) Beleg het ijs met de resterende koekjes, waarbij de koekjesbodem het ijs raakt.

i) Druk voorzichtig op de koekjes om ze waterpas te zetten.

j) Wikkel elke sandwich in plasticfolie of vetvrij papier en plaats hem minstens 30 minuten in de vriezer voordat je hem serveert.

26. Pinda-chocoladechips- ijssandwiches

INGREDIËNTEN:
- 1 kopje romige pindakaas
- ½ kopje kristalsuiker
- ½ kopje verpakte bruine suiker
- 1 groot ei
- 1 theelepel vanille-extract
- 1 ¼ kopje bloem voor alle doeleinden
- ½ theelepel bakpoeder
- ¼ theelepel zout
- ½ kopje chocoladestukjes
- 1 pint chocolade-ijs
- Gehakte pinda's om te rollen

INSTRUCTIES:

a) Verwarm uw oven voor op 175°C (350°F) en bekleed een bakplaat met bakpapier.

b) Meng de pindakaas, kristalsuiker en bruine suiker in een mengkom tot een gladde massa. Voeg het ei en het vanille-extract toe en meng goed.

c) Meng in een aparte kom de bloem, het bakpoeder en het zout. Voeg geleidelijk de droge ingrediënten toe aan het pindakaasmengsel en meng tot alles gemengd is. Roer de chocoladestukjes erdoor.

d) Rol het deeg in balletjes van 1 inch en plaats ze op de voorbereide bakplaat. Maak elke bal plat met een vork, zodat er een kriskras patroon ontstaat.

e) Bak gedurende 10-12 minuten of tot de koekjes licht goudbruin zijn. Laat ze volledig afkoelen.

f) Neem een bolletje chocolade-ijs en plaats dit tussen twee koekjes. Rol de randen in gehakte pinda's voor extra knapperigheid.

g) Plaats de ijssandwiches minimaal 1 uur in de vriezer om op te stijven voordat u ze serveert.

27. Amandel Joy- ijssandwiches

INGREDIËNTEN:
- 1 ½ kopje bloem voor alle doeleinden
- ½ theelepel zuiveringszout
- ¼ theelepel zout
- ½ kopje ongezouten boter, verzacht
- ½ kopje kristalsuiker
- ½ kopje verpakte bruine suiker
- 1 groot ei
- 1 theelepel vanille-extract
- ½ kopje geraspte kokosnoot
- ½ kopje gehakte amandelen
- 1 pint kokos- of amandelijs
- Chocoladeganache of gesmolten chocolade om te besprenkelen

INSTRUCTIES:

a) Verwarm uw oven voor op 190°C (375°F) en bekleed een bakplaat met bakpapier.

b) Meng in een kom de bloem, het bakpoeder en het zout.

c) Meng in een aparte mengkom de zachte boter, kristalsuiker en bruine suiker tot een licht en luchtig mengsel. Voeg het ei en het vanille-extract toe en meng tot alles goed gemengd is.

d) Voeg geleidelijk de droge ingrediënten toe aan het botermengsel en meng tot alles net gemengd is. Roer de geraspte kokosnoot en gehakte amandelen erdoor.

e) Laat ronde eetlepels deeg op de voorbereide bakplaat vallen, met een onderlinge afstand van ongeveer 5 cm. Maak elke deegbal een beetje plat met de palm van je hand.

f) Bak gedurende 10-12 minuten of tot de randen goudbruin zijn. Laat de koekjes volledig afkoelen.

g) Neem een bolletje kokos- of amandelijs en plaats dit tussen twee koekjes. Besprenkel met chocoladeganache of gesmolten chocolade.

h) Plaats de ijssandwiches minimaal 1 uur in de vriezer om op te stijven voordat u ze serveert.

28. Sandwiches met pistache- en frambozenijs

INGREDIËNTEN:

- 1 ½ kopje bloem voor alle doeleinden
- ½ theelepel zuiveringszout
- ¼ theelepel zout
- ½ kopje ongezouten boter, verzacht
- ½ kopje kristalsuiker
- ½ kopje verpakte bruine suiker
- 1 groot ei
- 1 theelepel vanille-extract
- ½ kopje gepelde pistachenoten, gehakt
- 1 pint pistache-ijs
- Verse frambozen ter garnering

INSTRUCTIES:

a) Verwarm uw oven voor op 190°C (375°F) en bekleed een bakplaat met bakpapier.

b) Meng in een kom de bloem, het bakpoeder en het zout.

c) Meng in een aparte mengkom de zachte boter, kristalsuiker en bruine suiker tot een licht en luchtig mengsel. Voeg het ei en het vanille-extract toe en meng tot alles goed gemengd is.

d) Voeg geleidelijk de droge ingrediënten toe aan het botermengsel en meng tot alles net gemengd is. Roer de gehakte pistachenoten erdoor.

e) Laat ronde eetlepels deeg op de voorbereide bakplaat vallen, met een onderlinge afstand van ongeveer 5 cm. Maak elke deegbal een beetje plat met de palm van je hand.

f) Bak gedurende 10-12 minuten of tot de randen goudbruin zijn. Laat de koekjes volledig afkoelen.

g) Neem een bolletje pistache-ijs en plaats dit tussen twee koekjes. Druk een paar verse frambozen op de randen van het ijs.

h) Plaats de ijssandwiches minimaal 1 uur in de vriezer om op te stijven voordat u ze serveert.

29. en karamelwervelijssandwiches

INGREDIËNTEN:

- 1 ½ kopje bloem voor alle doeleinden
- ½ theelepel zuiveringszout
- ¼ theelepel zout
- ½ kopje ongezouten boter, verzacht
- ½ kopje kristalsuiker
- ½ kopje verpakte bruine suiker
- 1 groot ei
- 1 theelepel vanille-extract
- ½ kopje gehakte walnoten
- 1-pint caramel swirl-ijs
- Karamelsaus om te besprenkelen

INSTRUCTIES:

a) Verwarm uw oven voor op 190°C (375°F) en bekleed een bakplaat met bakpapier.

b) Meng in een kom de bloem, het bakpoeder en het zout.

c) Meng in een aparte mengkom de zachte boter, kristalsuiker en bruine suiker tot een licht en luchtig mengsel. Voeg het ei en het vanille-extract toe en meng tot alles goed gemengd is.

d) Voeg geleidelijk de droge ingrediënten toe aan het botermengsel en meng tot alles net gemengd is. Roer de gehakte walnoten erdoor.

e) Laat ronde eetlepels deeg op de voorbereide bakplaat vallen, met een onderlinge afstand van ongeveer 5 cm. Maak elke deegbal een beetje plat met de palm van je hand.

f) Bak gedurende 10-12 minuten of tot de randen goudbruin zijn. Laat de koekjes volledig afkoelen.

g) Neem een bolletje caramel swirl-ijs en plaats dit tussen twee koekjes. Besprenkel met karamelsaus.

h) Plaats de ijssandwiches minimaal 1 uur in de vriezer om op te stijven voordat u ze serveert.

30.Hazelnoot- en espresso- ijssandwiches

INGREDIËNTEN:

- 1 ½ kopje bloem voor alle doeleinden
- ½ theelepel zuiveringszout
- ¼ theelepel zout
- ½ kopje ongezouten boter, verzacht
- ½ kopje kristalsuiker
- ½ kopje verpakte bruine suiker
- 1 groot ei
- 1 theelepel vanille-extract
- ½ kopje gehakte hazelnoten
- 1 pint espresso of ijs met koffiesmaak
- Gemalen met chocolade omhulde espressobonen voor garnering

INSTRUCTIES:

a) Verwarm uw oven voor op 190°C (375°F) en bekleed een bakplaat met bakpapier.

b) Meng in een kom de bloem, het bakpoeder en het zout.

c) Meng in een aparte mengkom de zachte boter, kristalsuiker en bruine suiker tot een licht en luchtig mengsel. Voeg het ei en het vanille-extract toe en meng tot alles goed gemengd is.

d) Voeg geleidelijk de droge ingrediënten toe aan het botermengsel en meng tot alles net gemengd is. Roer de gehakte hazelnoten erdoor.

e) Laat ronde eetlepels deeg op de voorbereide bakplaat vallen, met een onderlinge afstand van ongeveer 5 cm. Maak elke deegbal een beetje plat met de palm van je hand.

f) Bak gedurende 10-12 minuten of tot de randen goudbruin zijn. Laat de koekjes volledig afkoelen.

g) Neem een bolletje espresso of ijs met koffiesmaak en plaats dit tussen twee koekjes. Druk wat gemalen, met chocolade omhulde espressobonen op de randen van het ijs.

h) Plaats de ijssandwiches minimaal 1 uur in de vriezer om op te stijven voordat u ze serveert.

31. Sandwich met pistache-chocolade-ijs

INGREDIËNTEN:
12 chocoladekoekjes
2 kopjes pistache-ijs
1/2 kop gehakte pure chocolade

INSTRUCTIES:
Neem 6 chocoladekoekjes en plaats ze ondersteboven op een bakplaat.
Schep pistache-ijs op elk koekje.
Strooi gehakte pure chocolade over het ijs.
Plaats nog een chocoladekoekje op elke ijslepel en druk zachtjes aan om een sandwich te creëren.
Vries de ijssandwiches minimaal 2 uur in voordat u ze serveert.

32. Sandwich met Hazelnootpraliné-ijs

INGREDIËNTEN:
12 zandkoekkoekjes
2 kopjes hazelnootijs
1/2 kopje gemalen pralinenoten

INSTRUCTIES:
Neem 6 zandkoekkoekjes en plaats ze ondersteboven op een bakplaat.
Schep op elk koekje hazelnootijs.
Strooi gemalen pralinenoten over het ijs.
Plaats nog een zandkoekkoekje op elke ijslepel en druk zachtjes aan om een sandwich te creëren.
Vries de ijssandwiches minimaal 2 uur in voordat u ze serveert.

33. Walnoot Esdoorn Ijs Sandwich

INGREDIËNTEN:
12 havermoutkoekjes
2 kopjes esdoorn-walnootijs
1/4 kopje gehakte walnoten

INSTRUCTIES:
Neem 6 havermoutkoekjes en plaats ze ondersteboven op een bakplaat.
Schep ahorn-walnootijs op elk koekje.
Strooi de gehakte walnoten over het ijs.
Plaats nog een havermoutkoekje op elke ijslepel en druk zachtjes aan zodat er een sandwich ontstaat.
Vries de ijssandwiches minimaal 2 uur in voordat u ze serveert.

34.Cashew-karamelcrunch-ijssandwich

INGREDIËNTEN:
12 karamelkoekjes
2 kopjes cashew-karamelijs
1/4 kopje karamelsaus
1/4 kop gemalen cashewnoten

INSTRUCTIES:
Neem 6 karamelkoekjes en plaats ze ondersteboven op een bakplaat.
Schep cashew-karamelijs op elk koekje.
Giet de karamelsaus over het ijs.
Strooi gemalen cashewnoten over het ijs.
Plaats nog een karamelkoekje op elke ijslepel en druk zachtjes aan om een sandwich te creëren.
Vries de ijssandwiches minimaal 2 uur in voordat u ze serveert.

35. Macadamianoot witte chocolade-ijssandwich

INGREDIËNTEN:
12 witte chocolade macadamianotenkoekjes
2 kopjes witte chocolade macadamianotenijs
1/4 kop witte chocoladestukjes

INSTRUCTIES:
Neem 6 macadamianotenkoekjes met witte chocolade en plaats ze ondersteboven op een bakplaat.
Schep witte chocolade-macadamianotenijs op elk koekje.
Strooi witte chocoladestukjes over het ijs.
Plaats nog een witte chocolade-macadamianootkoekje op elke ijslepel en druk zachtjes aan om een sandwich te creëren.
Vries de ijssandwiches minimaal 2 uur in voordat u ze serveert.

36.Sandwich met pindakaas-amandelijs

INGREDIËNTEN:
12 pindakaaskoekjes
2 kopjes chocolade-amandelijs
1/4 kopje gemalen amandelen
1/4 kopje chocoladesaus

INSTRUCTIES:
Neem 6 pindakaaskoekjes en plaats ze ondersteboven op een bakplaat.
Schep chocolade-amandelijs op elk koekje.
Strooi gemalen amandelen over het ijs.
Giet de chocoladesaus over het ijs.
Plaats nog een pindakaaskoekje op elke ijslepel en druk zachtjes aan om een sandwich te creëren.
Vries de ijssandwiches minimaal 2 uur in voordat u ze serveert.

37. Pecan-praliné-ijssandwich

INGREDIËNTEN:
12 chocolade-hazelnootkoekjes
2 kopjes pecannotenpraliné-ijs
1/4 kop gemalen pecannoten

INSTRUCTIES:
Neem 6 chocolade-hazelnootkoekjes en plaats ze ondersteboven op een bakplaat.
Schep pecannotenpraliné-ijs op elk koekje.
Strooi gemalen pecannoten over het ijs.
Plaats nog een chocolade-hazelnootkoekje op elk ijsbolletje en druk zachtjes aan om een sandwich te creëren.
Vries de ijssandwiches minimaal 2 uur in voordat u ze serveert.

38. Paranoot Chocolade Chunk Ijs Sandwich

INGREDIËNTEN:
12 dubbele chocoladekoekjes
2 kopjes chocolade chunk-ijs
1/4 kop gehakte paranoten

INSTRUCTIES:
Neem 6 dubbele chocoladekoekjes en plaats ze ondersteboven op een bakplaat.
Schep chocolade chunk-ijs op elk koekje.
Strooi gehakte paranoten over het ijs.
Plaats nog een dubbel chocoladekoekje op elke ijslepel en druk zachtjes aan om een sandwich te creëren.
Vries de ijssandwiches minimaal 2 uur in voordat u ze serveert.

39. Gemengde Noten Karamel Ijs Sandwich

INGREDIËNTEN:
12 havermout-rozijnenkoekjes
2 kopjes karamelijs met gemengde noten
1/4 kop gemengde gehakte noten
1/4 kopje karamelsaus

INSTRUCTIES:
Neem 6 havermout-rozijnenkoekjes en plaats ze ondersteboven op een bakplaat.
Schep het gemengde noten-karamelijs op elk koekje.
Giet de karamelsaus over het ijs.
Strooi gemengde gehakte noten over het ijs.
Plaats nog een havermout-rozijnenkoekje op elke ijslepel en druk zachtjes aan om een sandwich te creëren.
Vries de ijssandwiches minimaal 2 uur in voordat u ze serveert.

FRUITKOPPELINGEN

40. Bananen voor chocolade-ijssandwiches

INGREDIËNTEN:
- 1¾ kopjes ongebleekte bloem voor alle doeleinden
- 1 theelepel bakpoeder
- ¼ theelepel zout
- ⅔ kopje verdampte rietsuiker
- ¼ kopje zuivelvrije margarine, verzacht
- 1 grote, grof gepureerde, rijpe banaan (ongeveer ½ kopje gepureerd)
- 1 theelepel vanille-extract

INSTRUCTIES:

a) Verwarm de oven voor op 350 ° F. Bekleed twee bakplaten met bakpapier.

b) Meng de bloem, het bakpoeder en het zout in een middelgrote kom. In een grote kom de suiker en de margarine door elkaar kloppen.

c) Voeg de banaan en vanille toe en meng tot alles goed gemengd is.

d) Voeg de droge ingrediënten in batches toe aan de natte en meng tot een gladde massa.

e) Gebruik een koekjesdruppelaar of een eetlepel om eetlepels deeg op de voorbereide bakplaten te laten vallen, ongeveer 2,5 cm uit elkaar.

f) Bak gedurende 9 tot 12 minuten, totdat de koekjes zijn uitgespreid en de randen stevig en licht goudbruin zijn.

g) Haal de koekjes uit de oven, laat ze 5 minuten afkoelen op de bakplaat en leg ze vervolgens op een rooster. Laat de koekjes volledig afkoelen.

h) Bewaren in een luchtdichte verpakking

41. Rabarber Midwest-sandwiches

INGREDIËNTEN:
- 1¾ kopjes ongebleekte bloem voor alle doeleinden
- 1 theelepel bakpoeder
- ¼ theelepel zout
- ¾ kopje verdampte rietsuiker
- ½ kopje zuivelvrije margarine, verzacht
- 1 theelepel vanille-extract
- 1 kop gehakte verse of bevroren (ontdooid) rabarber (rode delen, niet groen)

INSTRUCTIES:

a) Verwarm de oven voor op 350 ° F. Bekleed twee bakplaten met bakpapier.

b) Meng de bloem, het bakpoeder en het zout in een middelgrote kom. In een grote kom de suiker en de margarine door elkaar kloppen. Voeg de vanille toe en meng tot alles goed gemengd is.

c) Combineer de droge ingrediënten in batches met de natte en meng tot een gladde massa. Spatel voorzichtig de rabarber erdoor.

d) Gebruik een koekjesdruppelaar of een eetlepel om eetlepels deeg ter grootte van een eetlepel te laten vallen en plaats ze op de voorbereide bakplaten met een tussenruimte van ongeveer 2,5 cm.

e) Bak gedurende 9 tot 12 minuten, totdat de koekjes zijn uitgespreid en de randen stevig en licht goudbruin zijn.

f) Haal de koekjes uit de oven, laat ze 5 minuten afkoelen op de bakplaat en leg ze vervolgens op een rooster. Laat de koekjes volledig afkoelen.

g) Bewaren in een luchtdichte verpakking

42. Taart Cherry Swirl Kokosijs

INGREDIËNTEN:
- ¾ kopje plus 2 eetlepels verdampte rietsuiker
- 1 (13,5 ounce) blikje volle kokosmelk (niet licht)
- 1 kopje niet-zuivelmelk
- 1 theelepel vanille-extract
- ⅓ kopje gedroogde zure kersen, grof gehakt
- ¼ kopje water
- ½ theelepel arrowroot- of tapiocazetmeel
- ½ theelepel vers citroensap

INSTRUCTIES:
a) Meng in een grote pan ¾ kopje suiker met de kokosmelk en andere niet-zuivelmelk en klop om op te nemen. Breng het mengsel op middelhoog vuur aan de kook en klop regelmatig.

b) Zodra het kookt, zet je het vuur middelhoog en klop je constant tot de suiker is opgelost, ongeveer 5 minuten. Haal van het vuur en voeg de vanille toe, kloppend om te combineren.

c) Doe het mengsel over in een hittebestendige kom en laat het volledig afkoelen.

d) Terwijl de ijsbasis afkoelt, doe je de gedroogde kersen en het water in een kleine steelpan. Kook op middelhoog vuur, tot de kersen zacht zijn en het mengsel begint te borrelen.

e) Meng in een kleine kom de resterende 2 eetlepels suiker en het zetmeel. Strooi het mengsel over de kersen en zet het vuur lager om te laten sudderen.

f) Blijf koken tot het mengsel dikker wordt, ongeveer 3 minuten, en klop dan het citroensap erdoor. Doe het over in een hittebestendige kom om volledig af te koelen.

g) Giet het ijsbasismengsel in de kom van een ijsmachine van 1½ of 2 liter en verwerk het volgens de instructies van de fabrikant. Zodra het ijs klaar is, schep je een derde ervan in een diepvriesbakje en voeg je de helft van het afgekoelde kersenmengsel toe.

h) Voeg nog een derde van het ijs toe en bedek met het resterende kersenmengsel.

i) Bestrijk met het laatste derde deel van het ijs en haal een botermes 2 of 3 keer door het mengsel, zodat het ronddraait. Bewaar de sandwiches minimaal 2 uur in een luchtdichte verpakking in de vriezer voordat u ze gaat samenstellen.

OM DE BROODJES TE MAKEN

j) Laat het ijs iets zachter worden, zodat het gemakkelijk te scheppen is. Plaats de helft van de koekjes met de onderkant naar boven op een schoon oppervlak. Schep een royale bolletje ijs, ongeveer ⅓ kopje, op de bovenkant van elk koekje.

k) Beleg het ijs met de resterende koekjes, waarbij de koekjesbodem het ijs raakt.

l) Druk voorzichtig op de koekjes om ze waterpas te zetten.

m) Verpak elke sandwich in plasticfolie of vetvrij papier en plaats hem minstens 30 minuten in de vriezer voordat je hem gaat eten.

43. Aardbei Italiano Sandwiches

INGREDIËNTEN:
- 1 pint aardbeienijs
- 1 kop verse aardbeien, in blokjes gesneden
- 8 Italiaanse langevingerkoekjes
- Slagroom (optioneel, voor serveren)
- Verse muntblaadjes (ter garnering)

INSTRUCTIES:
a) Haal de halve liter aardbeienijs uit de vriezer en laat het een paar minuten zacht worden totdat het gemakkelijk te verwerken is.
b) Pureer in een kom de in blokjes gesneden verse aardbeien met een vork tot ze hun sap vrijgeven.
c) Voeg de gepureerde aardbeien toe aan het zachte ijs en meng goed tot ze gelijkmatig verdeeld zijn.
d) Bekleed een ovenschaal of pan met bakpapier of plasticfolie.
e) Neem vier Italiaanse langevingerkoekjes en plaats ze naast elkaar in de schaal, zodat ze een rechthoekige vorm vormen.
f) Verdeel het aardbeienijsmengsel gelijkmatig over de lange vingers in de schaal.
g) Plaats de overige vier langevingerkoekjes op het ijs, zodat er een sandwich ontstaat.
h) Bedek de schaal met plasticfolie en zet het minimaal 4 uur in de vriezer, of tot het ijs stevig is.
i) Zodra het ijs volledig bevroren is, haalt u de schaal uit de vriezer en laat u het een paar minuten op kamertemperatuur staan om iets zachter te worden.
j) Snijd de ijssandwich in afzonderlijke porties met een scherp mes.
k) Serveer de Strawberry Italiano Ice Cream Sandwiches op borden of in kommen.
l) Bestrijk eventueel elke sandwich met een toefje slagroom en garneer met verse muntblaadjes.
m) Geniet van je zelfgemaakte Strawberry Italiano -ijssandwiches!

44.Aardbeien-shortcake- ijssandwiches

INGREDIËNTEN:
- 1 ½ kopje bloem voor alle doeleinden
- ½ theelepel bakpoeder
- ¼ theelepel zout
- ½ kopje ongezouten boter, verzacht
- ¾ kopje kristalsuiker
- 1 groot ei
- 1 theelepel vanille-extract
- 1 kopje in blokjes gesneden aardbeien
- 1 pint aardbeienijs

INSTRUCTIES:
a) Verwarm uw oven voor op 175°C (350°F) en bekleed een bakplaat met bakpapier.
b) Meng in een kom de bloem, het bakpoeder en het zout.
c) Klop in een aparte mengkom de zachte boter en de kristalsuiker tot een licht en luchtig mengsel. Voeg het ei en het vanille-extract toe en meng tot alles goed gemengd is.
d) Voeg geleidelijk de droge ingrediënten toe aan het botermengsel en meng tot alles net gemengd is. Vouw de in blokjes gesneden aardbeien erdoor.
e) Laat ronde eetlepels deeg op de voorbereide bakplaat vallen, met een onderlinge afstand van ongeveer 5 cm. Maak elke deegbal een beetje plat met de palm van je hand.
f) Bak gedurende 10-12 minuten of tot de randen goudbruin zijn. Laat de koekjes volledig afkoelen.
g) Neem een bolletje aardbeienijs en plaats dit tussen twee koekjes.
h) Plaats de ijssandwiches minimaal 1 uur in de vriezer om op te stijven voordat u ze serveert.

45. Bananensplit- ijssandwiches

INGREDIËNTEN:
- 1 ½ kopje bloem voor alle doeleinden
- ½ theelepel zuiveringszout
- ¼ theelepel zout
- ½ kopje ongezouten boter, verzacht
- ½ kopje kristalsuiker
- ½ kopje verpakte bruine suiker
- 1 groot ei
- 1 theelepel vanille-extract
- ½ kopje gepureerde rijpe bananen
- ½ kopje chocoladestukjes
- 1 pint vanille-ijs
- Gesneden aardbeien en gehakte ananas voor garnering
- Chocoladesiroop en slagroom om te besprenkelen

INSTRUCTIES:

a) Verwarm uw oven voor op 190°C (375°F) en bekleed een bakplaat met bakpapier.

b) Meng in een kom de bloem, het bakpoeder en het zout.

c) Meng in een aparte mengkom de zachte boter, kristalsuiker en bruine suiker tot een licht en luchtig mengsel. Voeg het ei en het vanille-extract toe en meng tot alles goed gemengd is.

d) Voeg geleidelijk de droge ingrediënten toe aan het botermengsel en meng tot alles net gemengd is. Roer de geprakte bananen en chocoladestukjes erdoor.

e) Laat ronde eetlepels deeg op de voorbereide bakplaat vallen, met een onderlinge afstand van ongeveer 5 cm. Maak elke deegbal een beetje plat met de palm van je hand.

f) Bak gedurende 10-12 minuten of tot de randen goudbruin zijn. Laat de koekjes volledig afkoelen.

g) Neem een bolletje vanille-ijs en plaats dit tussen twee koekjes. Druk de gesneden aardbeien en de gehakte ananas op de randen van het ijs.

h) Besprenkel met chocoladesiroop en bestrijk met slagroom.

i) Plaats de ijssandwiches minimaal 1 uur in de vriezer om op te stijven voordat u ze serveert.

46. Bosbessen-citroen- ijssandwiches

INGREDIËNTEN:
- 1 ½ kopje bloem voor alle doeleinden
- ½ theelepel zuiveringszout
- ¼ theelepel zout
- ½ kopje ongezouten boter, verzacht
- ½ kopje kristalsuiker
- ½ kopje verpakte bruine suiker
- 1 groot ei
- 1 theelepel vanille-extract
- Schil van 1 citroen
- 1 kop verse bosbessen
- 1 pint citroen- of bosbessenijs

INSTRUCTIES:
a) Verwarm uw oven voor op 190°C (375°F) en bekleed een bakplaat met bakpapier.
b) Meng in een kom de bloem, het bakpoeder en het zout.
c) Meng in een aparte mengkom de zachte boter, kristalsuiker en bruine suiker tot een licht en luchtig mengsel. Voeg het ei, het vanille-extract en de citroenschil toe en meng tot alles goed gemengd is.
d) Voeg geleidelijk de droge ingrediënten toe aan het botermengsel en meng tot alles net gemengd is. Spatel voorzichtig de verse bosbessen erdoor.
e) Laat ronde eetlepels deeg op de voorbereide bakplaat vallen, met een onderlinge afstand van ongeveer 5 cm. Maak elke deegbal een beetje plat met de palm van je hand.
f) Bak gedurende 10-12 minuten of tot de randen goudbruin zijn. Laat de koekjes volledig afkoelen.
g) Neem een bolletje citroen- of bosbessenijs en plaats dit tussen twee koekjes.
h) Plaats de ijssandwiches minimaal 1 uur in de vriezer om op te stijven voordat u ze serveert.

47. Mango-kokos- ijssandwiches

INGREDIËNTEN:
- 1 ½ kopje bloem voor alle doeleinden
- ½ theelepel zuiveringszout
- ¼ theelepel zout
- ½ kopje ongezouten boter, verzacht
- ½ kopje kristalsuiker
- ½ kopje verpakte bruine suiker
- 1 groot ei
- 1 theelepel vanille-extract
- ½ kopje in blokjes gesneden rijpe mango
- ¼ kopje geraspte kokosnoot
- 1 pint mango- of kokosijs

INSTRUCTIES:

a) Verwarm uw oven voor op 190°C (375°F) en bekleed een bakplaat met bakpapier.

b) Meng in een kom de bloem, het bakpoeder en het zout.

c) Meng in een aparte mengkom de zachte boter, kristalsuiker en bruine suiker tot een licht en luchtig mengsel. Voeg het ei en het vanille-extract toe en meng tot alles goed gemengd is.

d) Voeg geleidelijk de droge ingrediënten toe aan het botermengsel en meng tot alles net gemengd is. Roer de in blokjes gesneden mango en geraspte kokosnoot erdoor.

e) Laat ronde eetlepels deeg op de voorbereide bakplaat vallen, met een onderlinge afstand van ongeveer 5 cm. Maak elke deegbal een beetje plat met de palm van je hand.

f) Bak gedurende 10-12 minuten of tot de randen goudbruin zijn. Laat de koekjes volledig afkoelen.

g) Neem een bolletje mango- of kokosijs en plaats dit tussen twee koekjes.

h) Plaats de ijssandwiches minimaal 1 uur in de vriezer om op te stijven voordat u ze serveert.

48.Frambozenwitte chocolade- ijssandwiches

INGREDIËNTEN:
- 1 ½ kopje bloem voor alle doeleinden
- ½ theelepel zuiveringszout
- ¼ theelepel zout
- ½ kopje ongezouten boter, verzacht
- ½ kopje kristalsuiker
- ½ kopje verpakte bruine suiker
- 1 groot ei
- 1 theelepel vanille-extract
- ½ kopje verse frambozen
- ½ kopje witte chocoladestukjes
- 1 pint frambozen- of witte chocolade-ijs

INSTRUCTIES:
a) Verwarm uw oven voor op 190°C (375°F) en bekleed een bakplaat met bakpapier.
b) Meng in een kom de bloem, het bakpoeder en het zout.
c) Meng in een aparte mengkom de zachte boter, kristalsuiker en bruine suiker tot een licht en luchtig mengsel. Voeg het ei en het vanille-extract toe en meng tot alles goed gemengd is.
d) Voeg geleidelijk de droge ingrediënten toe aan het botermengsel en meng tot alles net gemengd is. Roer de verse frambozen en witte chocoladestukjes erdoor.
e) Laat ronde eetlepels deeg op de voorbereide bakplaat vallen, met een onderlinge afstand van ongeveer 5 cm. Maak elke deegbal een beetje plat met de palm van je hand.
f) Bak gedurende 10-12 minuten of tot de randen goudbruin zijn. Laat de koekjes volledig afkoelen.
g) Neem een bolletje frambozen- of witte chocolade-ijs en plaats dit tussen twee koekjes.
h) Plaats de ijssandwiches minimaal 1 uur in de vriezer om op te stijven voordat u ze serveert.

49.Frambozen Cheesecake Ijs Sandwich

INGREDIËNTEN:
12 grahamcrackers
2 kopjes frambozen-cheesecake-ijs
1 kopje verse frambozen

INSTRUCTIES:
Neem 6 graham crackers en plaats ze ondersteboven op een bakplaat.
Schep frambozencheesecake-ijs op elke cracker.
Strooi verse frambozen over het ijs.
Plaats nog een graham cracker op elke ijslepel en druk zachtjes aan om een sandwich te creëren.
Vries de ijssandwiches minimaal 2 uur in voordat u ze serveert.

50.Ananas Kokosijs Sandwich

INGREDIËNTEN:
12 vanillewafeltjes
2 kopjes ananas-kokosijs
1 kopje verse ananas, in blokjes gesneden

INSTRUCTIES:
Neem 6 vanillewafeltjes en plaats ze ondersteboven op een bakplaat.
Schep ananas-kokosijs op elke wafel.
Strooi de in blokjes gesneden verse ananas over het ijs.
Plaats nog een vanillewafeltje op elke ijslepel en druk zachtjes aan om een sandwich te creëren.
Vries de ijssandwiches minimaal 2 uur in voordat u ze serveert.

51.Perzik Melba-ijssandwich

INGREDIËNTEN:
12 zandkoekkoekjes
2 kopjes perzikijs
1 kopje verse frambozen
1 kopje verse perziken, in plakjes gesneden

INSTRUCTIES:
Neem 6 zandkoekkoekjes en plaats ze ondersteboven op een bakplaat.
Schep perzikijs op elk koekje.
Garneer het ijs met verse frambozen en gesneden perziken.
Plaats nog een zandkoekkoekje op elke ijslepel en druk zachtjes aan om een sandwich te creëren.
Vries de ijssandwiches minimaal 2 uur in voordat u ze serveert.

52.Watermeloen Munt Ijs Sandwich

INGREDIËNTEN:
12 suikerkoekjes
2 kopjes watermeloensorbet
Verse muntblaadjes

INSTRUCTIES:
Neem 6 suikerkoekjes en plaats ze ondersteboven op een bakplaat.
Schep watermeloensorbet op elk koekje.
Leg een vers muntblaadje op de sorbet.
Plaats nog een suikerkoekje op elke ijslepel en druk zachtjes aan om een sandwich te creëren.
Vries de ijssandwiches minimaal 2 uur in voordat u ze serveert.

53.Kiwi Limoen Ijs Sandwich

INGREDIËNTEN:
12 peperkoekkoekjes
2 kopjes kiwi-limoenijs
2 kiwi's, geschild en in plakjes gesneden

INSTRUCTIES:
Neem 6 peperkoekkoekjes en plaats ze ondersteboven op een bakplaat.
Schep kiwi-limoenijs op elk koekje.
Leg een paar plakjes kiwi op het ijs.
Plaats nog een gingersnapkoekje op elke ijslepel en druk zachtjes aan om een sandwich te creëren.
Vries de ijssandwiches minimaal 2 uur in voordat u ze serveert.

54. Blackberry Lavendel Ijs Sandwich

INGREDIËNTEN:
12 havermoutkoekjes
2 kopjes bramen-lavendel-ijs
Verse bramen

INSTRUCTIES:
Neem 6 havermoutkoekjes en plaats ze ondersteboven op een bakplaat.
Schep bramen-lavendel-ijs op elk koekje.
Voeg verse bramen toe aan het ijs.
Plaats nog een havermoutkoekje op elke ijslepel en druk zachtjes aan zodat er een sandwich ontstaat.
Vries de ijssandwiches minimaal 2 uur in voordat u ze serveert.

55.Gemengde Berry Yoghurt Ijs Sandwich

INGREDIËNTEN:
12 chocoladecrackers uit Graham
2 kopjes gemengd bessenyoghurtijs
Gemengde verse bessen (zoals aardbeien, bosbessen en frambozen)

INSTRUCTIES:
Neem 6 chocoladecrackers en plaats ze ondersteboven op een bakplaat.
Schep gemengd bessenyoghurtijs op elke cracker.
Voeg een verscheidenheid aan verse bessen toe aan het ijs.
Plaats nog een chocoladecracker op elke ijslepel en druk zachtjes aan om een sandwich te creëren.
Vries de ijssandwiches minimaal 2 uur in voordat u ze serveert.

KRUIDIGE PAIRINGEN

56. Gekruid notenijs

INGREDIËNTEN:

- 2 kopjes soja- of hennepmelk
- ¾ kopje verdampte rietsuiker
- 1 theelepel gemalen kaneel
- ½ theelepel gemalen gember
- ⅛ theelepel gemalen piment
- 1 theelepel vanille-extract
- 1½ kopje rauwe cashewnoten
- 1/16 theelepel guargom

INSTRUCTIES:
a) Meng de melk en de suiker in een grote pan. Breng het mengsel op middelhoog vuur aan de kook en klop regelmatig. Zodra het kookt, zet je het vuur middelhoog en klop je constant tot de suiker is opgelost , ongeveer 5 minuten.
b) Haal van het vuur en voeg de kaneel, gember, piment en vanille toe en klop om te combineren.
c) Leg de cashewnoten op de bodem van een hittebestendige kom en giet het hete melkmengsel erover. Laat het volledig afkoelen.
d) Eenmaal afgekoeld, breng het mengsel over naar een keukenmachine of hogesnelheidsblender en verwerk het tot een gladde massa, stop indien nodig met het afschrapen van de zijkanten.
e) Tegen het einde van de verwerking strooi je de guargom erover en zorg je ervoor dat deze goed is opgenomen.
f) Giet het mengsel in de kom van een ijsmachine van 1½ of 2 liter en verwerk het volgens de instructies van de fabrikant. Bewaar de sandwiches minimaal 2 uur in een luchtdichte verpakking in de vriezer voordat u ze gaat samenstellen.

OM DE BROODJES TE MAKEN
g) Laat het ijs iets zachter worden, zodat het makkelijk te scheppen is. Plaats de helft van de koekjes met de onderkant naar boven op een schoon oppervlak. Schep een royale bolletje ijs, ongeveer ⅓ kopje, op de bovenkant van elk koekje.
h) Beleg het ijs met de resterende koekjes, waarbij de koekjesbodem het ijs raakt.
i) Druk voorzichtig op de koekjes om ze waterpas te zetten.
j) Verpak elke sandwich in plasticfolie of vetvrij papier en plaats hem minstens 30 minuten in de vriezer voordat je hem gaat eten.

57.Courgette Kruidensandwiches

INGREDIËNTEN:
- 2 kopjes ongebleekte bloem voor alle doeleinden
- ½ theelepel bakpoeder
- 1 theelepel gemalen kaneel
- ¼ theelepel zout
- ¾ kopje zuivelvrije margarine, op kamertemperatuur
- ¾ kopje verpakte donkerbruine suiker
- ½ kopje verdampte rietsuiker
- 2 theelepels vanille-extract
- 1 kopje geraspte courgette
- ⅓ kopje gehakte walnoten

INSTRUCTIES:
a) Verwarm de oven voor op 350 ° F. Bekleed twee bakplaten met bakpapier.

b) Meng in een kleine kom de bloem, bakpoeder, kaneel en zout. Meng de margarine, bruine suiker, rietsuiker en vanille in een grote kom.

c) Voeg de droge ingrediënten in gedeelten toe aan de natte ingrediënten en meng tot een gladde massa. Voeg dan de courgette en walnoten toe.

d) Gebruik een koekjesdruppelaar of een eetlepel om grote bolletjes deeg op de voorbereide bakplaat te laten vallen , ongeveer 5 cm uit elkaar. Druk elk koekje voorzichtig iets naar beneden.

e) Bak gedurende 9 tot 11 minuten, of tot de randen licht goudbruin zijn. Haal het uit de oven, laat het 5 minuten afkoelen op de pan en leg het vervolgens op een rooster. Laat de koekjes volledig afkoelen.

f) Bewaren in een luchtdichte verpakking.

58. Mexicaanse chocolade- ijssandwiches

INGREDIËNTEN:
- 1 ½ kopje bloem voor alle doeleinden
- ½ kopje ongezoet cacaopoeder
- 1 theelepel gemalen kaneel
- ½ theelepel cayennepeper
- ½ theelepel zuiveringszout
- ¼ theelepel zout
- ½ kopje ongezouten boter, verzacht
- ½ kopje kristalsuiker
- ½ kopje verpakte bruine suiker
- 1 groot ei
- 1 theelepel vanille-extract
- 1 pint chocolade- of kaneelijs
- Chilipoeder voor garnering

INSTRUCTIES:

a) Verwarm uw oven voor op 190°C (375°F) en bekleed een bakplaat met bakpapier.

b) Meng in een kom de bloem, cacaopoeder, gemalen kaneel, cayennepeper, zuiveringszout en zout.

c) Meng in een aparte mengkom de zachte boter, kristalsuiker en bruine suiker tot een licht en luchtig mengsel. Voeg het ei en het vanille-extract toe en meng tot alles goed gemengd is.

d) Voeg geleidelijk de droge ingrediënten toe aan het botermengsel en meng tot alles net gemengd is.

e) Laat ronde eetlepels deeg op de voorbereide bakplaat vallen, met een onderlinge afstand van ongeveer 5 cm. Maak elke deegbal een beetje plat met de palm van je hand.

f) Bak gedurende 10-12 minuten of tot de randen stevig zijn. Laat de koekjes volledig afkoelen.

g) Neem een bolletje chocolade- of kaneelijs en plaats dit tussen twee koekjes. Strooi chilipoeder erover voor een extra kick.

h) Plaats de ijssandwiches minimaal 1 uur in de vriezer om op te stijven voordat u ze serveert.

59. Pittige mango-habanero- ijssandwiches

INGREDIËNTEN:
- 1 ½ kopje bloem voor alle doeleinden
- ½ theelepel zuiveringszout
- ¼ theelepel zout
- ½ kopje ongezouten boter, verzacht
- ½ kopje kristalsuiker
- ½ kopje verpakte bruine suiker
- 1 groot ei
- 1 theelepel vanille-extract
- 1 rijpe mango, geschild en in blokjes gesneden
- 1 habanero-peper, zonder zaadjes en fijngehakt
- 1 pint mango- of vanille-ijs

INSTRUCTIES:
a) Verwarm uw oven voor op 190°C (375°F) en bekleed een bakplaat met bakpapier.
b) Meng in een kom de bloem, het bakpoeder en het zout.
c) Meng in een aparte mengkom de zachte boter, kristalsuiker en bruine suiker tot een licht en luchtig mengsel. Voeg het ei en het vanille-extract toe en meng tot alles goed gemengd is.
d) Voeg geleidelijk de droge ingrediënten toe aan het botermengsel en meng tot alles net gemengd is. Roer de in blokjes gesneden mango en de gehakte habanero-peper erdoor.
e) Laat ronde eetlepels deeg op de voorbereide bakplaat vallen, met een onderlinge afstand van ongeveer 5 cm. Maak elke deegbal een beetje plat met de palm van je hand.
f) Bak gedurende 10-12 minuten of tot de randen goudbruin zijn. Laat de koekjes volledig afkoelen.
g) Neem een bolletje mango- of vanille-ijs en plaats dit tussen twee koekjes.
h) Plaats de ijssandwiches minimaal 1 uur in de vriezer om op te stijven voordat u ze serveert.

60.Chipotle-chocolade-ijs Boterhammen

INGREDIËNTEN:
- 1 ½ kopje bloem voor alle doeleinden
- ½ kopje ongezoet cacaopoeder
- 1 theelepel bakpoeder
- ¼ theelepel zout
- ½ theelepel gemalen chipotlepeper
- ½ kopje ongezouten boter, verzacht
- 1 kopje kristalsuiker
- 2 grote eieren
- 1 theelepel vanille-extract
- 1 pint chocolade- of vanille-ijs
- Gemalen rode pepervlokken voor garnering

INSTRUCTIES:

a) Verwarm uw oven voor op 175°C (350°F) en bekleed een bakplaat met bakpapier.

b) Meng in een kom de bloem, cacaopoeder, bakpoeder, zout en gemalen chipotlepeper.

c) Klop in een aparte mengkom de zachte boter en de kristalsuiker tot een licht en luchtig mengsel. Voeg de eieren één voor één toe en klop goed na elke toevoeging. Roer het vanille-extract erdoor.

d) Voeg geleidelijk de droge ingrediënten toe aan het botermengsel en meng tot alles net gemengd is.

e) Laat ronde eetlepels deeg op de voorbereide bakplaat vallen, met een onderlinge afstand van ongeveer 5 cm. Maak elke deegbal een beetje plat met de palm van je hand.

f) Bak gedurende 10-12 minuten of tot de randen stevig zijn. Laat de koekjes volledig afkoelen.

g) Neem een bolletje chocolade- of vanille-ijs en plaats dit tussen twee koekjes. Strooi gemalen rode pepervlokken erover voor een pittige toets.

h) Plaats de ijssandwiches minimaal 1 uur in de vriezer om op te stijven voordat u ze serveert.

61.- limoenijssandwiches

INGREDIËNTEN:
- 1 ½ kopje bloem voor alle doeleinden
- ½ theelepel zuiveringszout
- ¼ theelepel zout
- ½ kopje ongezouten boter, verzacht
- ½ kopje kristalsuiker
- ½ kopje verpakte bruine suiker
- 1 groot ei
- 1 theelepel vanille-extract
- Schil en sap van 1 limoen
- 2 jalapeno-pepers, zonder zaadjes en fijngehakt
- 1 pint limoen- of vanille-ijs

INSTRUCTIES:

a) Verwarm uw oven voor op 190°C (375°F) en bekleed een bakplaat met bakpapier.

b) Meng in een kom de bloem, het bakpoeder en het zout.

c) Meng in een aparte mengkom de zachte boter, kristalsuiker en bruine suiker tot een licht en luchtig mengsel. Voeg het ei en het vanille-extract toe en meng tot alles goed gemengd is.

d) Voeg geleidelijk de droge ingrediënten toe aan het botermengsel en meng tot alles net gemengd is. Roer de limoenschil, het limoensap en de gehakte jalapeno-pepers erdoor.

e) Laat ronde eetlepels deeg op de voorbereide bakplaat vallen, met een onderlinge afstand van ongeveer 5 cm. Maak elke deegbal een beetje plat met de palm van je hand.

f) Bak gedurende 10-12 minuten of tot de randen goudbruin zijn. Laat de koekjes volledig afkoelen.

g) Neem een bolletje limoen- of vanille-ijs en plaats dit tussen twee koekjes.

h) Plaats de ijssandwiches minimaal 1 uur in de vriezer om op te stijven voordat u ze serveert.

62. Pittige karamelijssandwiches

INGREDIËNTEN:
- 1 ½ kopje bloem voor alle doeleinden
- ½ theelepel zuiveringszout
- ¼ theelepel zout
- ½ kopje ongezouten boter, verzacht
- ½ kopje kristalsuiker
- ½ kopje verpakte bruine suiker
- 1 groot ei
- 1 theelepel vanille-extract
- ½ theelepel cayennepeper
- ½ kopje gehakte pecannoten
- 1 pint karamel- of vanille-ijs

INSTRUCTIES:
a) Verwarm uw oven voor op 190°C (375°F) en bekleed een bakplaat met bakpapier.
b) Meng in een kom de bloem, het bakpoeder en het zout.
c) Meng in een aparte mengkom de zachte boter, kristalsuiker en bruine suiker tot een licht en luchtig mengsel. Voeg het ei en het vanille-extract toe en meng tot alles goed gemengd is.
d) Voeg geleidelijk de droge ingrediënten toe aan het botermengsel en meng tot alles net gemengd is. Roer de cayennepeper en de gehakte pecannoten erdoor.
e) Laat ronde eetlepels deeg op de voorbereide bakplaat vallen, met een onderlinge afstand van ongeveer 5 cm. Maak elke deegbal een beetje plat met de palm van je hand.
f) Bak gedurende 10-12 minuten of tot de randen goudbruin zijn. Laat de koekjes volledig afkoelen.
g) Neem een bolletje karamel- of vanille-ijs en plaats dit tussen twee koekjes.
h) Plaats de ijssandwiches minimaal 1 uur in de vriezer om op te stijven voordat u ze serveert.

63.Chocolade Chipotle Ijs Sandwich

INGREDIËNTEN:
12 chocoladekoekjes
2 kopjes Mexicaans chocolade-ijs
1 theelepel gemalen chipotlepeper

INSTRUCTIES:
Neem 6 chocoladekoekjes en plaats ze ondersteboven op een bakplaat.
Strooi een snufje gemalen chipotle-peper op elk koekje.
Schep op elk koekje Mexicaans chocolade-ijs.
Plaats nog een chocoladekoekje op elke ijslepel en druk zachtjes aan om een sandwich te creëren.
Vries de ijssandwiches minimaal 2 uur in voordat u ze serveert.

64. Pittige Kaneel Cayenne Ijs Sandwich

INGREDIËNTEN:
12 snickerdoodle-koekjes
2 kopjes kaneel-cayenne-ijs
Gemalen kaneel
Gemalen cayennepeper

INSTRUCTIES:
Neem 6 snickerdoodle-koekjes en plaats ze ondersteboven op een bakplaat.
Strooi een snufje gemalen kaneel en cayennepeper op elk koekje.
Schep kaneel-cayenne-ijs op elk koekje.
Plaats nog een snickerdoodle-koekje op elke ijslepel en druk zachtjes aan om een sandwich te creëren.
Vries de ijssandwiches minimaal 2 uur in voordat u ze serveert.

65. Pittige Chocolade Chili Ijs Sandwich

INGREDIËNTEN:
12 chocoladekoekjes
2 kopjes chocolade-chili-ijs
1 theelepel chilipoeder

INSTRUCTIES:
Neem 6 chocoladekoekjes en plaats ze ondersteboven op een bakplaat.
Strooi een snufje chilipoeder op elk koekje.
Schep chocolade-chili-ijs op elk koekje.
Plaats nog een chocoladekoekje op elke ijslepel en druk zachtjes aan om een sandwich te creëren.
Vries de ijssandwiches minimaal 2 uur in voordat u ze serveert.

66. Pindakaas Sriracha-ijssandwich

INGREDIËNTEN:
12 pindakaaskoekjes
2 kopjes sriracha -pindakaasijs
1 eetlepel srirachasaus (optioneel)

INSTRUCTIES:
Neem 6 pindakaaskoekjes en plaats ze ondersteboven op een bakplaat.
Smeer een dun laagje srirachasaus (indien gewenst) op elk koekje.
Schep sriracha- pindakaasijs op elk koekje.
Plaats nog een pindakaaskoekje op elke ijslepel en druk zachtjes aan om een sandwich te creëren.
Vries de ijssandwiches minimaal 2 uur in voordat u ze serveert.

67.Pittige Kokos Curry Ijs Sandwich

INGREDIËNTEN:
12 kokoskoekjes
2 kopjes kokoscurry-ijs
1 theelepel kerriepoeder

INSTRUCTIES:
Neem 6 kokoskoekjes en plaats ze ondersteboven op een bakplaat.
Strooi op elk koekje een snufje kerriepoeder.
Schep kokoscurry-ijs op elk koekje.
Plaats nog een kokoskoekje op elke ijslepel en druk zachtjes aan om een sandwich te creëren.
Vries de ijssandwiches minimaal 2 uur in voordat u ze serveert.

68.Pittige gember-kurkuma-ijssandwich

INGREDIËNTEN:
12 gemberkoekjes
2 kopjes kurkuma-gemberijs
1 theelepel gemalen kurkuma

INSTRUCTIES:
Neem 6 gemberkoekjes en plaats ze ondersteboven op een bakplaat.
Strooi een snufje gemalen kurkuma op elk koekje.
Schep kurkuma-gemberijs op elk koekje.
Plaats nog een gemberkoekje op elke ijslepel en druk zachtjes aan om een sandwich te creëren.
Vries de ijssandwiches minimaal 2 uur in voordat u ze serveert.

69. Pittige ananas-jalapeno-ijssandwich

INGREDIËNTEN:
12 vanillekoekjes
2 kopjes ananas-jalapeno-ijs
Verse ananasstukjes
Gesneden jalapeno (verwijder de zaadjes voor mildere kruiden)

INSTRUCTIES:
Neem 6 vanillekoekjes en plaats ze ondersteboven op een bakplaat.
Schep ananas-jalapeno-ijs op elk koekje.
Voeg verse ananasstukjes en gesneden jalapeno toe aan het ijs.
Plaats nog een vanillekoekje op elke ijslepel en druk zachtjes aan om een sandwich te creëren.
Vries de ijssandwiches minimaal 2 uur in voordat u ze serveert.

70.Pittige frambozenchips-ijssandwich

INGREDIËNTEN:
12 chocoladekoekjes
2 kopjes frambozenchipsijs
Verse frambozen
1/2 theelepel gemalen rode pepervlokken

INSTRUCTIES:
Neem 6 chocoladekoekjes en plaats ze ondersteboven op een bakplaat.
Strooi een snufje gemalen rode pepervlokken op elk koekje.
Schep frambozenchipsijs op elk koekje.
Voeg verse frambozen toe aan het ijs.
Plaats nog een chocoladekoekje op elke ijslepel en druk zachtjes aan om een sandwich te creëren.
Vries de ijssandwiches minimaal 2 uur in voordat u ze serveert.

71.Pittige Kersen Chocolade Ijs Sandwich

INGREDIËNTEN:
12 kersenchocoladekoekjes
2 kopjes pittig kersenijs
Verse kersen, ontpit en gehalveerd

INSTRUCTIES:
Neem 6 kersenchocoladekoekjes en plaats ze ondersteboven op een bakplaat.
Schep pittig kersenijs op elk koekje.
Voeg verse kersenhelften toe aan het ijs.
Plaats nog een kersenchocoladekoekje op elke ijslepel en druk zachtjes aan om een sandwich te creëren.
Vries de ijssandwiches minimaal 2 uur in voordat u ze serveert.

OP THEE GEBASEERDE PAARINGEN

72.Broodje Chai Nut-ijs

INGREDIËNTEN:
- 2 kopjes soja- of hennepmelk (volvet)
- ¾ kopje verdampte rietsuiker
- ¼ theelepel gemalen kaneel
- ¼ theelepel gemalen gember
- 1 theelepel vanille-extract
- 1½ kopje rauwe cashewnoten
- 4 chai-theezakjes
- 1/16 theelepel guargom

INSTRUCTIES:
a) Meng de melk en de suiker in een grote pan. Breng het mengsel op middelhoog vuur aan de kook en klop regelmatig.
b) Zodra het kookt, zet je het vuur middelhoog en klop je constant tot de suiker is opgelost , ongeveer 5 minuten.
c) Haal van het vuur, voeg de kaneel, gember en vanille toe en klop om te combineren.
d) Leg de cashewnoten en de chai-theezakjes op de bodem van een hittebestendige kom en giet het hete melkmengsel erover. Laat volledig afkoelen. Eenmaal afgekoeld, knijp je de theezakjes eruit en gooi je ze weg.
e) Breng het mengsel over naar een keukenmachine of hogesnelheidsblender en verwerk het tot een gladde massa. Stop indien nodig om langs de zijkanten te schrapen.
f) Tegen het einde van de verwerking strooi je de guargom erover en zorg je ervoor dat deze goed is opgenomen.
g) Giet het mengsel in de kom van een ijsmachine van 1½ of 2 liter en verwerk het volgens de instructies van de fabrikant. Bewaar de sandwiches minimaal 2 uur in een luchtdichte verpakking in de vriezer voordat u ze gaat samenstellen.
Om de sandwiches te maken
h) Laat het ijs iets zachter worden, zodat het makkelijk te scheppen is. Plaats de helft van de koekjes met de onderkant naar boven op een schoon oppervlak. Schep een royale bolletje ijs, ongeveer ⅓ kopje, op de bovenkant van elk koekje.
i) Beleg het ijs met de resterende koekjes, waarbij de koekjesbodem het ijs raakt. Druk voorzichtig op de koekjes om ze waterpas te zetten.
j) Verpak elke sandwich in plasticfolie of vetvrij papier en plaats hem minstens 30 minuten in de vriezer voordat je hem gaat eten.

73. Earl Grey lavendel- ijssandwiches

INGREDIËNTEN:
- 1 ½ kopje bloem voor alle doeleinden
- ½ theelepel zuiveringszout
- ¼ theelepel zout
- ½ kopje ongezouten boter, verzacht
- ½ kopje kristalsuiker
- ½ kopje verpakte bruine suiker
- 1 groot ei
- 1 theelepel vanille-extract
- 2 eetlepels Earl Grey theeblaadjes
- 1 eetlepel gedroogde lavendelbloemen
- 1 pint Earl Grey- of vanille-ijs

INSTRUCTIES:
a) Verwarm uw oven voor op 190°C (375°F) en bekleed een bakplaat met bakpapier.
b) Meng in een kom de bloem, het bakpoeder en het zout.
c) Meng in een aparte mengkom de zachte boter, kristalsuiker en bruine suiker tot een licht en luchtig mengsel. Voeg het ei en het vanille-extract toe en meng tot alles goed gemengd is.
d) Maal de Earl Grey- theeblaadjes en de gedroogde lavendelbloemen tot een fijn poeder met behulp van een kruidenmolen of vijzel. Voeg de thee en het lavendelpoeder toe aan het botermengsel en meng tot het gelijkmatig verdeeld is.
e) Voeg geleidelijk de droge ingrediënten toe aan het botermengsel en meng tot alles net gemengd is.
f) Laat ronde eetlepels deeg op de voorbereide bakplaat vallen, met een onderlinge afstand van ongeveer 5 cm. Maak elke deegbal een beetje plat met de palm van je hand.
g) Bak gedurende 10-12 minuten of tot de randen goudbruin zijn. Laat de koekjes volledig afkoelen.
h) Neem een bolletje Earl Grey- of vanille-ijs en plaats dit tussen twee koekjes.
i) Plaats de ijssandwiches minimaal 1 uur in de vriezer om op te stijven voordat u ze serveert.

74.Matcha groene thee- ijssandwiches

INGREDIËNTEN:
- 1 ½ kopje bloem voor alle doeleinden
- 2 eetlepels matcha groene theepoeder
- ½ theelepel zuiveringszout
- ¼ theelepel zout
- ½ kopje ongezouten boter, verzacht
- ½ kopje kristalsuiker
- ½ kopje verpakte bruine suiker
- 1 groot ei
- 1 theelepel vanille-extract
- 1 pint matcha groene thee of vanille-ijs

INSTRUCTIES:
a) Verwarm uw oven voor op 190°C (375°F) en bekleed een bakplaat met bakpapier.

b) Meng in een kom de bloem, matcha groene theepoeder, zuiveringszout en zout.

c) Meng in een aparte mengkom de zachte boter, kristalsuiker en bruine suiker tot een licht en luchtig mengsel. Voeg het ei en het vanille-extract toe en meng tot alles goed gemengd is.

d) Voeg geleidelijk de droge ingrediënten toe aan het botermengsel en meng tot alles net gemengd is.

e) Laat ronde eetlepels deeg op de voorbereide bakplaat vallen, met een onderlinge afstand van ongeveer 5 cm. Maak elke deegbal een beetje plat met de palm van je hand.

f) Bak gedurende 10-12 minuten of tot de randen stevig zijn. Laat de koekjes volledig afkoelen.

g) Neem een bolletje matcha groene thee of vanille-ijs en plaats dit tussen twee koekjes.

h) Plaats de ijssandwiches minimaal 1 uur in de vriezer om op te stijven voordat u ze serveert.

75. Chai Spice- ijssandwiches

INGREDIËNTEN:
- 1 ½ kopje bloem voor alle doeleinden
- ½ theelepel zuiveringszout
- ¼ theelepel zout
- 1 eetlepel chai-theeblaadjes
- 1 theelepel gemalen kaneel
- ½ theelepel gemalen gember
- ¼ theelepel gemalen kardemom
- ¼ theelepel gemalen kruidnagel
- ½ kopje ongezouten boter, verzacht
- ½ kopje kristalsuiker
- ½ kopje verpakte bruine suiker
- 1 groot ei
- 1 theelepel vanille-extract
- 1 pint chai-kruiden of vanille-ijs

INSTRUCTIES:

a) Verwarm uw oven voor op 190°C (375°F) en bekleed een bakplaat met bakpapier.

b) Meng in een kom de bloem, baksoda, zout, chai-theeblaadjes, gemalen kaneel, gemalen gember, gemalen kardemom en gemalen kruidnagel.

c) Meng in een aparte mengkom de zachte boter, kristalsuiker en bruine suiker tot een licht en luchtig mengsel. Voeg het ei en het vanille-extract toe en meng tot alles goed gemengd is.

d) Voeg geleidelijk de droge ingrediënten toe aan het botermengsel en meng tot alles net gemengd is.

e) Laat ronde eetlepels deeg op de voorbereide bakplaat vallen, met een onderlinge afstand van ongeveer 5 cm. Maak elke deegbal een beetje plat met de palm van je hand.

f) Bak gedurende 10-12 minuten of tot de randen stevig zijn. Laat de koekjes volledig afkoelen.

g) Neem een bolletje chai-specerijen of vanille-ijs en plaats dit tussen twee koekjes.

h) Plaats de ijssandwiches minimaal 1 uur in de vriezer om op te stijven voordat u ze serveert.

76.Citroen-gember- ijssandwiches

INGREDIËNTEN:
- 1 ½ kopje bloem voor alle doeleinden
- ½ theelepel zuiveringszout
- ¼ theelepel zout
- Schil van 1 citroen
- 1 eetlepel geraspte verse gember
- ½ kopje ongezouten boter, verzacht
- ½ kopje kristalsuiker
- ½ kopje verpakte bruine suiker
- 1 groot ei
- 1 theelepel vanille-extract
- 1 pint citroen- of gemberijs

INSTRUCTIES:

a) Verwarm uw oven voor op 190°C (375°F) en bekleed een bakplaat met bakpapier.

b) Meng in een kom de bloem, baksoda, zout, citroenschil en geraspte verse gember.

c) Meng in een aparte mengkom de zachte boter, kristalsuiker en bruine suiker tot een licht en luchtig mengsel. Voeg het ei en het vanille-extract toe en meng tot alles goed gemengd is.

d) Voeg geleidelijk de droge ingrediënten toe aan het botermengsel en meng tot alles net gemengd is.

e) Laat ronde eetlepels deeg op de voorbereide bakplaat vallen, met een onderlinge afstand van ongeveer 5 cm. Maak elke deegbal een beetje plat met de palm van je hand.

f) Bak gedurende 10-12 minuten of tot de randen stevig zijn. Laat de koekjes volledig afkoelen.

g) Neem een bolletje citroen- of gemberijs en plaats dit tussen twee koekjes.

h) Plaats de ijssandwiches minimaal 1 uur in de vriezer om op te stijven voordat u ze serveert.

77. Jasmijn groene thee- ijssandwiches

INGREDIËNTEN:
- 1 ½ kopje bloem voor alle doeleinden
- ½ theelepel zuiveringszout
- ¼ theelepel zout
- 2 eetlepels groene jasmijntheeblaadjes
- ½ kopje ongezouten boter, verzacht
- ½ kopje kristalsuiker
- ½ kopje verpakte bruine suiker
- 1 groot ei
- 1 theelepel vanille-extract
- 1 pint jasmijngroene thee of vanille-ijs

INSTRUCTIES:
a) Verwarm uw oven voor op 190°C (375°F) en bekleed een bakplaat met bakpapier.
b) Meng in een kom de bloem, het bakpoeder, het zout en de groene jasmijntheeblaadjes.
c) Meng in een aparte mengkom de zachte boter, kristalsuiker en bruine suiker tot een licht en luchtig mengsel. Voeg het ei en het vanille-extract toe en meng tot alles goed gemengd is.
d) Voeg geleidelijk de droge ingrediënten toe aan het botermengsel en meng tot alles net gemengd is.
e) Laat ronde eetlepels deeg op de voorbereide bakplaat vallen, met een onderlinge afstand van ongeveer 5 cm. Maak elke deegbal een beetje plat met de palm van je hand.
f) Bak gedurende 10-12 minuten of tot de randen stevig zijn. Laat de koekjes volledig afkoelen.
g) Neem een bolletje jasmijngroene thee of vanille-ijs en plaats dit tussen twee koekjes.
h) Plaats de ijssandwiches minimaal 1 uur in de vriezer om op te stijven voordat u ze serveert.

OP KOFFIE GEBASEERDE PAIRINGS

78. Koffie Zing-sandwiches

INGREDIËNTEN:
- 2 kopjes ongebleekte bloem voor alle doeleinden
- 1 theelepel zuiveringszout
- ¼ theelepel zout
- 1 kopje zuivelvrije margarine, op kamertemperatuur
- ½ kopje verpakte bruine suiker
- ½ kopje verdampte rietsuiker
- 2 theelepels oploskoffie
- 2 eetlepels warme zuivelvrije melk
- 1½ theelepel vanille-extract

INSTRUCTIES:

a) Verwarm de oven voor op 350 ° F. Bekleed twee bakplaten met bakpapier.

b) Meng de bloem, het bakpoeder en het zout in een kleine kom. Meng de margarine, bruine suiker en rietsuiker in een grote kom.

c) Los de oploskoffie op in de warme melk en voeg samen met de vanille toe aan het margarinemengsel. Voeg de droge ingrediënten in batches aan de natte toe tot een gladde massa.

d) Gebruik een koekjesdruppelaar of een eetlepel om grote eetlepels deeg op de voorbereide bakplaten te laten vallen , ongeveer 5 cm uit elkaar.

e) Bak gedurende 8 tot 10 minuten, of tot de randen licht goudbruin zijn. Haal het uit de oven en laat het 5 minuten afkoelen op de pan en laat het vervolgens afkoelen op een rooster. Laat de koekjes volledig afkoelen.

f) Bewaren in een luchtdichte verpakking.

79.- amandelijssandwiches

INGREDIËNTEN:
- 1 ½ kopje bloem voor alle doeleinden
- ¼ kopje ongezoet cacaopoeder
- ½ theelepel zuiveringszout
- ¼ theelepel zout
- ½ kopje ongezouten boter, verzacht
- ½ kopje kristalsuiker
- ½ kopje verpakte bruine suiker
- 1 groot ei
- 1 theelepel vanille-extract
- 1 eetlepel oploskoffiekorrels
- ½ kopje gehakte amandelen
- 1 pint mokka- of chocolade-ijs

INSTRUCTIES:
a) Verwarm uw oven voor op 190°C (375°F) en bekleed een bakplaat met bakpapier.
b) Meng in een kom de bloem, cacaopoeder, zuiveringszout en zout.
c) Meng in een aparte mengkom de zachte boter, kristalsuiker en bruine suiker tot een licht en luchtig mengsel. Voeg het ei en het vanille-extract toe en meng tot alles goed gemengd is.
d) Los de oploskoffiekorrels op in 1 eetlepel heet water. Voeg het koffiemengsel toe aan het botermengsel en meng tot het gelijkmatig is opgenomen.
e) Voeg geleidelijk de droge ingrediënten toe aan het botermengsel en meng tot alles net gemengd is. Roer de gehakte amandelen erdoor.
f) Laat ronde eetlepels deeg op de voorbereide bakplaat vallen, met een onderlinge afstand van ongeveer 5 cm. Maak elke deegbal een beetje plat met de palm van je hand.
g) Bak gedurende 10-12 minuten of tot de randen stevig zijn. Laat de koekjes volledig afkoelen.
h) Neem een bolletje mokka- of chocolade-ijs en plaats dit tussen twee koekjes.
i) Plaats de ijssandwiches minimaal 1 uur in de vriezer om op te stijven voordat u ze serveert.

80. Caramel Macchiato -ijssandwiches

INGREDIËNTEN:
- 1 ½ kopje bloem voor alle doeleinden
- ½ theelepel zuiveringszout
- ¼ theelepel zout
- ½ kopje ongezouten boter, verzacht
- ½ kopje kristalsuiker
- ½ kopje verpakte bruine suiker
- 1 groot ei
- 1 theelepel vanille-extract
- 2 eetlepels oploskoffiekorrels
- ½ kopje karamelsaus
- 1 pint koffie of karamelijs

INSTRUCTIES:

a) Verwarm uw oven voor op 190°C (375°F) en bekleed een bakplaat met bakpapier.

b) Meng in een kom de bloem, het bakpoeder en het zout.

c) Meng in een aparte mengkom de zachte boter, kristalsuiker en bruine suiker tot een licht en luchtig mengsel. Voeg het ei en het vanille-extract toe en meng tot alles goed gemengd is.

d) Los de oploskoffiekorrels op in 2 eetlepels heet water. Voeg het koffiemengsel toe aan het botermengsel en meng tot het gelijkmatig is opgenomen.

e) Voeg geleidelijk de droge ingrediënten toe aan het botermengsel en meng tot alles net gemengd is.

f) Laat ronde eetlepels deeg op de voorbereide bakplaat vallen, met een onderlinge afstand van ongeveer 5 cm. Maak elke deegbal een beetje plat met de palm van je hand.

g) Bak gedurende 10-12 minuten of tot de randen stevig zijn. Laat de koekjes volledig afkoelen.

h) Neem een bolletje koffie of karamelijs en sprenkel de karamelsaus erover. Sandwich het tussen twee koekjes.

i) Plaats de ijssandwiches minimaal 1 uur in de vriezer om op te stijven voordat u ze serveert.

81. Hazelnoot Affogato- ijssandwiches

INGREDIËNTEN:
- 1 ½ kopje bloem voor alle doeleinden
- ½ theelepel zuiveringszout
- ¼ theelepel zout
- ½ kopje ongezouten boter, verzacht
- ½ kopje kristalsuiker
- ½ kopje verpakte bruine suiker
- 1 groot ei
- 1 theelepel vanille-extract
- ½ kopje gehakte hazelnoten
- 1 pint hazelnoot- of vanille-ijs
- 1 kopje warme espresso of sterke koffie

INSTRUCTIES:
a) Verwarm uw oven voor op 190°C (375°F) en bekleed een bakplaat met bakpapier.
b) Meng in een kom de bloem, het bakpoeder en het zout.
c) Meng in een aparte mengkom de zachte boter, kristalsuiker en bruine suiker tot een licht en luchtig mengsel. Voeg het ei en het vanille-extract toe en meng tot alles goed gemengd is.
d) Voeg geleidelijk de droge ingrediënten toe aan het botermengsel en meng tot alles net gemengd is. Roer de gehakte hazelnoten erdoor.
e) Laat ronde eetlepels deeg op de voorbereide bakplaat vallen, met een onderlinge afstand van ongeveer 5 cm. Maak elke deegbal een beetje plat met de palm van je hand.
f) Bak gedurende 10-12 minuten of tot de randen stevig zijn. Laat de koekjes volledig afkoelen.
g) Neem een bolletje hazelnoot- of vanille-ijs en plaats dit tussen twee koekjes.
h) Giet vlak voor het serveren hete espresso of sterke koffie over de ijssandwich om een affogato- effect te creëren.
i) Plaats de ijssandwiches minimaal 1 uur in de vriezer om op te stijven voordat u ze serveert.

82. Espresso Brownie en Koffie-ijs Sandwich

INGREDIËNTEN:
- 12 espresso-brownievierkantjes
- 2 kopjes koffie-ijs

INSTRUCTIES:
a) Neem 6 espresso-brownievierkantjes en plaats ze ondersteboven op een bakplaat.
b) Schep op elk brownievierkant een bolletje koffie-ijs.
c) Plaats nog een vierkant espresso-brownie op elke ijslepel en druk zachtjes aan om een sandwich te creëren.
d) Vries de ijssandwiches minimaal 2 uur in voordat u ze serveert.

83. Koffiecake en mokka-amandel-fudge-ijssandwich

INGREDIËNTEN:
- 12 plakjes koffiecake
- 2 kopjes mokka-amandel-fudge-ijs

INSTRUCTIES:
a) Neem 6 plakjes koffiecake en leg ze ondersteboven op een bakplaat.
b) op elk taartpunt een bolletje mokka-amandel-fudge-ijs .
c) Plaats nog een plak koffiecake op elke ijslepel en druk zachtjes aan om een sandwich te creëren.
d) Vries de ijssandwiches minimaal 2 uur in voordat u ze serveert.

OP CAKE GEBASEERDE PAARINGEN

84. Broodje cakebeslag soja-ijs

INGREDIËNTEN:
- ¾ kopje verdampte rietsuiker
- 2 theelepels pijlwortelzetmeel
- 2-½ kopjes soja- of hennepmelk (volvet)
- 1¼ theelepel boterextract (geloof het of niet , het is veganistisch!)
- 1 theelepel vanille-extract
- ¼ theelepel esdoornextract

INSTRUCTIES:
a) Meng in een grote pan de suiker en het pijlwortelzetmeel en klop tot het zetmeel in de suiker is opgenomen .
b) Giet de melk erbij en klop om op te nemen. Breng het mengsel op middelhoog vuur aan de kook en klop regelmatig.
c) Zodra het kookt, zet je het vuur middelmatig laag en klop je constant tot het mengsel dikker wordt en de achterkant van een lepel bedekt, ongeveer 5 minuten. Haal van het vuur, voeg de boter, vanille en esdoornextracten toe en klop om te combineren.
d) Doe het mengsel over in een hittebestendige kom en laat het volledig afkoelen.
e) Giet het mengsel in de kom van een ijsmachine van 1½ of 2 liter en verwerk het volgens de instructies van de fabrikant.
f) Bewaar de sandwiches minimaal een uur in een luchtdichte verpakking in de vriezer voordat u ze gaat samenstellen.

OM DE BROODJES TE MAKEN
g) Verdeel de resterende hagelslag op een klein bord. Laat het ijs iets zachter worden, zodat het makkelijk te scheppen is. Plaats de helft van de koekjes met de onderkant naar boven op een schoon oppervlak. Schep een royale bolletje ijs, ongeveer ⅓ kopje, op de bovenkant van elk koekje.
h) Beleg het ijs met de resterende koekjes, waarbij de koekjesbodem het ijs raakt. Druk voorzichtig op de koekjes om ze waterpas te zetten.
i) Rol de randen van de ijssandwiches door de hagelslag en bedek de zijkanten van het ijs. Verpak elke sandwich in plasticfolie of vetvrij papier en plaats hem minstens 30 minuten in de vriezer voordat je hem gaat eten.

85.Red Velvet Cheesecake- ijssandwiches

INGREDIËNTEN:
- 1 doos red Velvet cakemix
- ½ kopje ongezouten boter, gesmolten
- 2 grote eieren
- 1 pint roomkaasijs

INSTRUCTIES:
a) Verwarm uw oven voor op 175°C (350°F) en bekleed een ovenschaal met bakpapier.
b) Meng in een mengkom de Red Velvet Cake-mix, de gesmolten boter en de eieren tot alles goed gemengd is.
c) Verdeel het beslag gelijkmatig in de voorbereide ovenschaal en bak gedurende 15-20 minuten of totdat een tandenstoker die in het midden wordt gestoken er schoon uitkomt. Laat de taart volledig afkoelen.
d) Snij de taart in vierkanten of rechthoeken, afhankelijk van de gewenste grootte van je ijssandwiches.
e) Neem een bolletje roomkaasijs en sandwich dit tussen twee stukken cake.
f) Plaats de ijssandwiches minimaal 1 uur in de vriezer om op te stijven voordat u ze serveert.

86. Chocolade Pindakaas Cup Ijs Sandwiches

INGREDIËNTEN:
- 1 doos chocoladetaartmix
- ½ kopje ongezouten boter, gesmolten
- 2 grote eieren
- 1-pint pindakaas kopje ijs

INSTRUCTIES:

a) Verwarm uw oven voor op 175°C (350°F) en bekleed een ovenschaal met bakpapier.

b) Meng in een mengkom de chocoladetaartmix, de gesmolten boter en de eieren tot ze goed gemengd zijn.

c) Verdeel het beslag gelijkmatig in de voorbereide ovenschaal en bak gedurende 15-20 minuten of totdat een tandenstoker die in het midden wordt gestoken er schoon uitkomt. Laat de taart volledig afkoelen.

d) Snij de taart in vierkanten of rechthoeken, afhankelijk van de gewenste grootte van je ijssandwiches.

e) Neem een bolletje pindakaas-ijs en plaats dit tussen twee stukken cake.

f) Plaats de ijssandwiches minimaal 1 uur in de vriezer om op te stijven voordat u ze serveert.

87. Citroen-frambozen-pondcake- ijssandwiches

INGREDIËNTEN:
- 1 in de winkel gekochte of zelfgemaakte pondcake
- 1-pint citroensorbet of frambozensorbet
- Verse frambozen (optioneel)

INSTRUCTIES:
a) Snijd de pondcake in dunne plakjes.
b) Neem een bolletje citroensorbet of frambozensorbet en verdeel dit over een plak cake.
c) Leg er nog een plakje cake op, zodat er een sandwich ontstaat.
d) Optioneel: Garneer de randen van de sandwich met verse frambozen.
e) Herhaal het proces om extra ijssandwiches te maken.
f) Plaats de ijssandwiches minimaal 1 uur in de vriezer om op te stijven voordat u ze serveert.

88. Worteltaart Roomkaas Ijs Sandwiches

INGREDIËNTEN:
- 1 in de winkel gekochte of zelfgemaakte worteltaart
- 1 pint roomkaasijs
- Gehakte walnoten (optioneel)

INSTRUCTIES:
a) Snijd de carrotcake in dunne plakjes.
b) Neem een bolletje roomkaasijs en verdeel dit over een plak worteltaart.
c) Leg er nog een plak worteltaart op, zodat er een sandwich ontstaat.
d) Optioneel: Rol de randen van de sandwich in gehakte walnoten voor extra knapperigheid.
e) Herhaal het proces om extra ijssandwiches te maken.
f) Plaats de ijssandwiches minimaal 1 uur in de vriezer om op te stijven voordat u ze serveert

89. Bananensplit- ijssandwiches

INGREDIËNTEN:
- 1 doos gele cakemix
- ½ kopje ongezouten boter, gesmolten
- 2 grote eieren
- Bananenijs van 1 pint
- Chocolade saus
- Gehakte aardbeien
- Gehakte ananas
- Gehakte noten (optioneel)
- Slagroom

INSTRUCTIES:

a) Verwarm uw oven voor op 175°C (350°F) en bekleed een ovenschaal met bakpapier.

b) Meng in een mengkom de gele cakemix, de gesmolten boter en de eieren tot ze goed gemengd zijn.

c) Verdeel het beslag gelijkmatig in de voorbereide ovenschaal en bak gedurende 15-20 minuten of totdat een tandenstoker die in het midden wordt gestoken er schoon uitkomt. Laat de taart volledig afkoelen.

d) Snij de taart in vierkanten of rechthoeken, afhankelijk van de gewenste grootte van je ijssandwiches.

e) Neem een bolletje bananenijs en verdeel dit over één taartstuk.

f) Giet de chocoladesaus over het ijs en voeg desgewenst gehakte aardbeien, ananas en noten toe.

g) Leg er nog een stuk cake op, zodat er een sandwich ontstaat.

h) Herhaal het proces om extra ijssandwiches te maken.

i) Plaats de ijssandwiches minimaal 1 uur in de vriezer om op te stijven voordat u ze serveert.

j) Serveer met een toefje slagroom erop en eventueel extra toppings.

90.Chocoladetaart en koekjes en roomijssandwich

INGREDIËNTEN:
- 12 plakjes chocoladetaart
- 2 kopjes koekjes en roomijs

INSTRUCTIES:
a) Neem 6 plakjes chocoladetaart en plaats ze ondersteboven op een bakplaat.
b) Plaats op elk taartpunt een bolletje koekjes en roomijs.
c) Plaats nog een plakje chocoladetaart op elke ijslepel en druk zachtjes aan om een sandwich te creëren.
d) Vries de ijssandwiches minimaal 2 uur in voordat u ze serveert.

91. Vanillebiscuit en aardbeien-cheesecake-ijssandwich

INGREDIËNTEN:
- 12 plakjes vanillebiscuitgebak
- 2 kopjes aardbeiencheesecake-ijs

INSTRUCTIES:
a) Neem 6 plakjes vanillebiscuit en leg ze ondersteboven op een bakplaat.
b) Schep op elk taartpunt een bolletje aardbeiencheesecake-ijs.
c) Plaats nog een plakje vanillebiscuit op elke ijslepel en druk zachtjes aan om een sandwich te creëren.
d) Vries de ijssandwiches minimaal 2 uur in voordat u ze serveert.

92.Worteltaart en kaneelijsje

INGREDIËNTEN:
- 12 plakjes carrotcake
- 2 kopjes kaneelijs

INSTRUCTIES:
a) Neem 6 plakjes carrotcake en leg ze ondersteboven op een bakplaat.
b) Schep op elk plakje cake een bolletje kaneelijs.
c) Leg op elke ijslepel nog een plakje worteltaart en druk zachtjes aan, zodat er een sandwich ontstaat.
d) Vries de ijssandwiches minimaal 2 uur in voordat u ze serveert.

OP BROWNIE GEBASEERDE PAARINGEN

93. Gezouten karamel brownie-ijssandwiches

INGREDIËNTEN:
- 1 doos browniemix
- ½ kopje ongezouten boter, gesmolten
- 2 grote eieren
- 1 pint gezouten karamelijs

INSTRUCTIES:

a) Verwarm uw oven voor op 175°C (350°F) en bekleed een ovenschaal met bakpapier.

b) Meng in een mengkom het browniemengsel, de gesmolten boter en de eieren tot alles goed gemengd is.

c) Verdeel het beslag gelijkmatig in de voorbereide ovenschaal en bak gedurende 20-25 minuten of tot een tandenstoker die in het midden wordt gestoken eruit komt met een paar vochtige kruimels. Laat de brownie volledig afkoelen.

d) Snij de brownie in vierkanten of rechthoeken, afhankelijk van de gewenste grootte van je ijssandwiches.

e) Neem een bolletje gezouten karamelijs en sandwich dit tussen twee stukken brownie.

f) Plaats de ijssandwiches minimaal 1 uur in de vriezer om op te stijven voordat u ze serveert.

94. Koekjes en room brownie-ijssandwiches

INGREDIËNTEN:
- 1 doos browniemix
- ½ kopje ongezouten boter, gesmolten
- 2 grote eieren
- 1-pint koekjes en roomijs

INSTRUCTIES:
a) Verwarm uw oven voor op 175°C (350°F) en bekleed een ovenschaal met bakpapier.
b) Meng in een mengkom het browniemengsel, de gesmolten boter en de eieren tot alles goed gemengd is.
c) Verdeel het beslag gelijkmatig in de voorbereide ovenschaal en bak gedurende 20-25 minuten of tot een tandenstoker die in het midden wordt gestoken eruit komt met een paar vochtige kruimels. Laat de brownie volledig afkoelen.
d) Snij de brownie in vierkanten of rechthoeken, afhankelijk van de gewenste grootte van je ijssandwiches.
e) Neem een bolletje koekjes en roomijs en sandwich dit tussen twee stukken brownie.
f) Plaats de ijssandwiches minimaal 1 uur in de vriezer om op te stijven voordat u ze serveert.

95. Raspberry Fudge Brownie-ijssandwiches

INGREDIËNTEN:
- 1 doos browniemix
- ½ kopje ongezouten boter, gesmolten
- 2 grote eieren
- 1 pint frambozen-fudge-ijs

INSTRUCTIES:
a) Verwarm uw oven voor op 175°C (350°F) en bekleed een ovenschaal met bakpapier.
b) Meng in een mengkom het browniemengsel, de gesmolten boter en de eieren tot alles goed gemengd is.
c) Verdeel het beslag gelijkmatig in de voorbereide ovenschaal en bak gedurende 20-25 minuten of tot een tandenstoker die in het midden wordt gestoken eruit komt met een paar vochtige kruimels. Laat de brownie volledig afkoelen.
d) Snij de brownie in vierkanten of rechthoeken, afhankelijk van de gewenste grootte van je ijssandwiches.
e) Neem een bolletje frambozenfudge-ijs en plaats dit tussen twee stukjes brownie.
f) Plaats de ijssandwiches minimaal 1 uur in de vriezer om op te stijven voordat u ze serveert.

96.Munt Brownie en Chip-ijssandwich

INGREDIËNTEN:
- 12 mintchocolade brownievierkantjes
- 2 kopjes muntchocolade-ijs

INSTRUCTIES:
a) Neem 6 muntchocolade brownievierkantjes en plaats ze ondersteboven op een bakplaat.
b) Plaats een bolletje muntchocolade-ijs op elk brownievierkant.
c) Plaats nog een vierkant muntchocoladebrownie op elke ijslepel en druk zachtjes aan om een sandwich te creëren.
d) Vries de ijssandwiches minimaal 2 uur in voordat u ze serveert.

97.Pindakaas Swirl Brownie-ijssandwich

INGREDIËNTEN:
- 12 pindakaas-swirl-brownievierkantjes
- 2 kopjes pindakaasijs
- 1/4 kop gehakte pinda's (optioneel)

INSTRUCTIES:
a) Neem 6 vierkantjes pindakaas-swirl-brownie en plaats ze ondersteboven op een bakplaat.
b) Schep op elk brownievierkant een bolletje pindakaasijs.
c) Strooi gehakte pinda's (indien gewenst) over het ijs.
d) Plaats nog een vierkant pindakaas-swirl-brownie op elke ijslepel en druk zachtjes aan om een sandwich te creëren.
e) Vries de ijssandwiches minimaal 2 uur in voordat u ze serveert.

98. Raspberry Fudge Brownie en Swirl-ijssandwich

INGREDIËNTEN:
- 12 frambozen-fudge-brownievierkantjes
- 2 kopjes frambozen swirl-ijs
- Verse frambozen (optioneel)

INSTRUCTIES:
a) Neem 6 frambozenfudge-brownievierkantjes en plaats ze ondersteboven op een bakplaat.
b) Plaats een bolletje frambozenswirl-ijs op elk brownievierkant.
c) Voeg verse frambozen toe aan het ijs (indien gewenst).
d) Plaats nog een vierkant frambozen-fudge-brownie op elke ijslepel en druk zachtjes aan om een sandwich te creëren.
e) Vries de ijssandwiches minimaal 2 uur in voordat u ze serveert.

99. S'mores Brownie en Marshmallow-ijssandwich

INGREDIËNTEN:
- 12 s'mores brownievierkantjes
- 2 kopjes marshmallow-ijs
- Verpletterde grahamcrackers

INSTRUCTIES:
a) Neem 6 s'mores brownievierkantjes en plaats ze ondersteboven op een bakplaat.
b) Plaats een bolletje marshmallow-ijs op elk brownievierkant.
c) Strooi gemalen graham crackers over het ijs.
d) Plaats nog een s'mores brownievierkant op elke ijslepel en druk zachtjes aan om een sandwich te creëren.
e) Vries de ijssandwiches minimaal 2 uur in voordat u ze serveert.

100. Red Velvet Brownie en roomkaas-ijssandwich

INGREDIËNTEN:
- 12 roodfluwelen brownievierkantjes
- 2 kopjes roomkaasijs
- Rode fluwelen kruimels (optioneel)

INSTRUCTIES:
a) Neem 6 roodfluwelen brownievierkantjes en plaats ze ondersteboven op een bakplaat.
b) Schep op elk brownievierkant een bolletje roomkaasijs.
c) Strooi roodfluwelen kruimels (indien gewenst) over het ijs.
d) Plaats nog een roodfluwelen brownievierkant op elke ijslepel en druk zachtjes aan om een sandwich te creëren.
e) Vries de ijssandwiches minimaal 2 uur in voordat u ze serveert.

CONCLUSIE

Nu we onze reis door 'GEVULD: HET SANDWICH KOEKJESBOEK' afsluiten, hopen we dat je geïnspireerd bent om de heerlijke wereld van gevulde sandwichkoekjes te ontdekken en je creativiteit de vrije loop te laten in de keuken. Of je nu een doorgewinterde bakker bent of nieuw in de wereld van sandwichkoekjes, op deze pagina's is er voor ieder wat wils.

Terwijl u blijft experimenteren met verschillende smaken, vullingen en decoraties, mag elke partij sandwichkoekjes die u bakt u vreugde en voldoening schenken. Of je ze nu deelt met dierbaren, ze cadeau doet, of er gewoon van geniet met een glas melk, moge de zoete lagen van goedheid in elk koekje je dag opvrolijken en blijvende herinneringen creëren.

Bedankt dat je met ons meegaat op deze smaakvolle reis door de wereld van gevulde sandwichkoekjes. Moge uw keuken gevuld zijn met de geur van versgebakken koekjes, uw tafel met de geneugten van zoete lekkernijen en uw hart met de vreugde van bakken. Tot we elkaar weer zien, veel bakplezier en eet smakelijk!

www.ingramcontent.com/pod-product-compliance
Lightning Source LLC
Chambersburg PA
CBHW050159130526
44591CB00034B/1384